不忘初心
愿你的青春不负梦想

蔡万刚 ◎ 著

中国商业出版社

图书在版编目（CIP）数据

　　不忘初心：愿你的青春不负梦想/蔡万刚著.—北京：中国商业出版社，2019.1
　　（快乐成长心理课）
　　ISBN 978-7-5208-0631-2

　　Ⅰ.①不… Ⅱ.①蔡… Ⅲ.①成功心理－通俗读物 Ⅳ.① B848.4-49

中国版本图书馆 CIP 数据核字（2019）第 015050 号

责任编辑：唐伟荣

中国商业出版社出版发行

010-63180647　　www.c-cbook.com

（100053　北京广安门内报国寺 1 号）

新华书店经销

河北华商印刷有限公司印刷

*

880 毫米 ×1230 毫米　　32 开　　7.5 印张　　160 千字

2019 年 3 月第 1 版　　2019 年 3 月第 1 次印刷

定价：39.80 元

****

（如有印装质量问题可更换）

前 言
PREFACE

　　在这个世界上，我们每个人都是独一无二的，正因为这份独特，我们才要在成长的过程中，从模仿、学习他人，到蜕变成拥有"个性"标签的自己。我们有自己的脾气秉性，我们有自己的人生轨迹，我们有自己喜爱的生活方式，正因为如此，我们也有着不同的体味和感悟。

　　成长的岁月中，每个人都心怀希冀，每个人都怀揣梦想。曾经安又琪的歌声还飘荡在我们的耳边："谁不曾游离在梦和现实的中间，谁不会向往飞翔在广阔的蓝天……"因梦想而燃烧的时光，让我们每个人都变得勇敢、变得伟大。

　　尽管梦想的路途并非一帆风顺，总是伴随着坎坷与荆棘，但正因如此，我们才有了磨炼。在这份磨炼之中，我们品尝了困境中的心酸，品尝了绝望中的眼泪，但也享受了奋斗中的欢笑，感受到了成功后的喜悦。虽然不是所有执着的梦想都能成真，可是我们为梦想奔波的轨迹，是人生中最美的符号。我们的人生会因此而精彩。

人生是一场旅行，奋斗固然有奋斗的意义，但享受也有享受的价值。只要我们心态平和，愿意以美好的眼光看待这个世界，那么我们的生活就会变得很惬意、很幸福。不管我们遭遇了什么，是失败之后的落寞、苦难降临后的痛苦，还是情感磕绊后的沮丧，这些对于漫长的人生而言都不过是转瞬即逝的昨日。只要我们学会洒脱遗忘，那么未来的路上，还会有更多的美好等待着我们。

那些令我们苦痛的昨日，会成为人生可贵的经历。正是因为体味过它们，我们才渐渐懂得一些道理，学会了更多。因此，我们要感谢所有漫步而过的时光，正是那些时光教会了我们成长，让我们变成如今的模样。

其实，无论我们是怎样的一个人，本质上都在追求一种"活得更好"的美好，只要我们清楚自己要什么，想怎么活，其实就够了。因为，人和人本就不同，不一样的你和我，有各自不一样的烟火。

每个人都是独一无二的人间花火，活出自己想要的样子，便是人生最美的意义。本书以此为主题，通过七方面的阐述，让大家明白人生全靠自己创造，你想要它什么模样，努力创造便好！不一样的你和我，自然是不一样的烟火！

目 录
CONTENTS

第一章　在不安的世界里，给自己力量 / 001

　　保持本色，做最好的自己 / 002

　　告诉自己：我一定能行 / 007

　　最可靠的人，是自己 / 011

　　没有必要过分追求完美 / 015

　　学会挖掘自己的长处 / 019

　　接受自己，欣赏自己 / 023

　　不要总是羡慕别人 / 027

　　要有主见，不盲目随从 / 032

第二章　梦想，人性的内在生命力 / 037

　　心中有梦想，人生更精彩 / 038

行动才能成就梦想 / 042

坚守梦想,永不放弃 / 047

梦想的世界,没有借口 / 052

捕捉机遇,成就梦想 / 056

牵手激情,实现梦想 / 060

勤奋,成就梦想 / 064

第三章 人生的智慧常蕴含于苦难之中 / 069

不经历风雨,就见不到彩虹 / 070

黑夜过去,便是黎明 / 074

失败是成功之母 / 078

靠自己努力,踏平坎坷 / 083

转个弯,希望就在不远处 / 088

苦难,让我们更接近成功 / 092

没有跨不过去的坎儿 / 096

第四章 路过的都是风景,留下的才是人生 / 101

享受活在当下的时光 / 102

解脱自己,释放压力 / 106

享受生活,享受快乐 / 111

日子,就该简单一点 / 116

目 录

学会欣赏周围的风景 / 122

来一次说走就走的旅行 / 127

和失眠、忧虑说"拜拜" / 131

第五章 心境的控制是人的最高境界 / 135

学会微笑面对生活 / 136

把烦恼关在屋门之外 / 141

乐观面对生活中的一切 / 145

凡事都要往好处想 / 147

唯有知足才能够常乐 / 150

停止抱怨,快乐生活 / 154

学会控制愤怒情绪 / 159

宁静致远,走好自己的路 / 162

第六章 爱情似镜,你笑它也笑 / 167

等待,有时是一场酷刑 / 168

相爱之人,要学会接受平淡 / 172

彼此付出,才能成全爱情 / 176

不爱就不爱,潇洒说"拜拜" / 180

真爱才是幸福的归宿 / 184

爱情,要懂得珍惜 / 189

爱人之间摒弃猜忌，彼此信任 / 194

爱情里，千万别计较太多 / 199

第七章 谢谢自己够勇敢，一直陪伴你的是那个了不起的自己 / 203

学会感谢那些羞辱你的人 / 204

跟"演员"朋友说声"再见" / 209

学会向成功人士学习 / 214

金钱并不是万能的 / 218

改变环境不如改变自己 / 222

说话，一定要把握分寸 / 226

远亲不如近邻 / 230

第一章

在不安的世界里，给自己力量

在人生的旅途中，我们每个人都是那样的独特，正因为这份独特的存在，才让周围的一切永远有不一样的新意。所以，我们每个人都要坚守个性、活出自我，不要去重复别人的故事，也不要活在别人的世界里。因为你就是你，你要用最独特的姿态，来证明自己独一无二的存在。

保持本色,做最好的自己

想让自己的人生活得精彩,那么首先就要了解自己是怎样的一个人,知道什么对于自己是最重要的,不盲目地学习别人,也不会因为别人的一句话而改变自己的生活。

古希腊帕尔索山上的一块石碑上刻着:"你要认识你自己。"看似很简单的一句话,但对于有些人来说却很难做到。尤其是一些没有主见的人,他们总是跟在别人的身后去模仿别人,无法保持自己的本色,从而失去了自我。安吉罗·帕屈就曾经说过:"世界上最痛苦的事情就是不能够做自己。"

要知道,在这个世上,每个人的人生都是独一无二的,没有谁的人生可以复制,也没有必要去复制,你只能做最好的自己。

老牧民圣地亚哥最喜欢听狼嚎。在月朗星稀的深夜,狼群发出一声声凄厉、哀婉的嚎叫,老人经常听得泪流满面。他认为那是来自天堂的声音,因为那声音能震撼人们的心灵,让人们感受到生命的存在。老人说:"我认识这个草原上所有的狼群,但并不是从形体

第一章
在不安的世界里,给自己力量

上区分它们,而是通过声音——狼群在夜晚的嚎叫。每个狼群都是一个优秀的合唱团,并且它们都有各自的特点以区别于其他的狼群。在许多人看来,狼群的嚎叫并没有区别,可是我的确听出了不同狼群的不同声音。"

狼在白天或者捕猎时很少发出声音,但它们喜欢在夜晚仰着头对着天空嚎叫。对于狼的嚎叫,许多动物学家都进行过研究,但都不能确定这种嚎叫的意义。也许是对生命孤独的感慨,也许是通过嚎叫表明自身的存在,也许仅仅是深情的歌唱——一种艺术行为。

在一个狼群内部,每一只狼都有自己独特的声音,这声音与群体内其他成员的声音不同。但是,当狼群深情地嚎叫时,它们却成为一个最完美的整体。狼群虽然有严格的等级制度,也是最注重整体的物种,但这丝毫不妨碍它们个性的发展和展示。即使是具有最大权力的头狼,也没有权力去要求其他的狼模仿自己的声音嚎叫,也没有权力去要求其他的狼模仿自己的行为。

在狼群中,每一只狼都要尊重其他狼的嚎叫,因为尊重个体的本色是狼一贯的风格。

正如世上没有两片相同的树叶一样,在这个世界上,也没有两个人是完全相同的。每个人在这世上都是独一无二的,以前没有与我们一模一样的人,以后也不会有。

遗传学告诉我们,人是由父亲和母亲各自的 24 条染色体组合而成,这 48 条染色体决定了一个人的遗传基因,每一条染色体中有数百个基因,任何单一基因都足以改变一个人的一生。事实上,人类生命的形成是一个令人敬畏的、充满无限奥秘的过程。

即使父母相遇相爱孕育了我们，也只有300万亿分之一的机会有一个跟自己完全一模一样的人。也就是说，即使你有300万亿个手足，他们也可能跟我们自己不同。这是猜测吗？当然不是，这完全是科学事实。

我们每一个人都是崭新的、独一无二的。如果我们要独立自主，想发展自己的特点，只有靠自己。但这并不表示我们一定要标新立异，并不是说我们要着奇装异服或是举止怪诞。事实上，只要我们在遵守团体规则的前提下保持自我本色，不人云亦云，不亦步亦趋，就能展现出最精彩的自己。

关于保持自我本色这一问题，詹姆士·戈登·基尔凯医生指出："这是全人类的问题。很多精神、神经及心理方面的问题，其隐藏的病因往往是他们不能保持自我。"因为不能保持自我的人，常常陷入恐惧不安、不知所措的怪圈，总想着取悦别人、听从别人，长期如此，无论是身体还是心灵都变得疲惫不堪。

有一天，上帝来到了人间，遇到一个智者，他正在钻研人生的问题。上帝敲了敲门，走到智者的跟前，说："我也为人生感到困惑，我们能一起探讨探讨吗？"

智者毕竟是智者，他虽然没有猜到面前这个老者就是上帝，但也能猜到他绝不是一般的人物。他正要问上帝"您是谁"，上帝说："我们只是探讨探讨一些相关的问题，完了我就走了，没有必要说一些其他的问题。"

智者说："我越是研究，就越觉得人类是一种奇怪的动物。他们

第一章
在不安的世界里，给自己力量

有时候非常善用理智，有时候却非常不明智，而且往往在大的方面迷失了理智。"

上帝感慨地说："这个我也有同感。他们厌倦童年的美好时光，急着成熟，但长大了，又渴望返老还童；他们健康的时候，不知道珍惜健康，往往牺牲健康来换取财富，然后又牺牲财富来换取健康；他们对未来充满焦虑，但却往往忽略现在，结果既没有生活在现在，又没有生活在未来之中；他们活着的时候好像永远不会死去，但死去以后又好像从没活过，还说人生如梦……"

智者认为上帝的论述非常精辟，他说："研究人生的问题，很是耗费时间。您怎么利用时间呢？"

上帝说："是吗？我的时间是永恒的。对了，我觉得人一旦对时间有了真正透彻的理解，也就真正弄懂了人生。因为时间包含着机遇，包含着规律，包含着人间的一切，比如新生的生命、没落的尘埃、经验和智慧等人生至关重要的东西。"

这位智者静静地听上帝说着，然后，他要求上帝对人生提出自己的忠告。

上帝从衣袖中拿出一本厚厚的书，上边却只有这么几行字：

人啊！你应该知道，你不可能取悦于所有的人；最重要的不是去拥有什么东西，而是去做什么样的人，和拥有什么样的朋友；富有并不在于拥有最多，而在于贪欲最少；在自己所爱的人身上造成深度创伤只要几秒钟，但是治疗它却要很长很长的时光。有的人会深深地爱着你，但却不知道如何表达。

金钱唯一不能买到的，却是最宝贵的，那就是幸福；宽恕别人

和得到别人的宽恕还是不够的,你也应当宽恕自己。

而且你所爱的,往往是一朵玫瑰,并不是非要极力地把它的刺根除掉,你能做得最好的,就是不要被它的刺刺伤,自己也不要伤害到心爱的人;尤其重要的是:很多事情错过了就没有了,错过了就是会变的。

智者看完了这些文字,激动地说:"只有上帝,才能……"他抬头一看,上帝已经走得无影无踪了,只是耳边还飘着一句话:"对每个生命来说,最重要的便是——只有自己才是自己的上帝。"

"只有自己才是自己的上帝",这句话的意思是告诉我们,自己真正的主人就是你自己。在关键的时刻,真正能做出决定的人,也只有你自己,你才是自己真正的上帝。

既然我们是自己的上帝,我们完全有权利掌控自己的人生。所以,从现在开始,让我们保持自己的本色,做独一无二的自己。唯有如此,生活之花才能真正为我们绽放光彩!

第一章
在不安的世界里,给自己力量

告诉自己:我一定能行

在我们成长的过程中,似乎有很多的因素压制了我们的生存与发展。其实这些压制我们的因素就是自己,往往是自己禁锢了自己,所以在为人处世方面,我们才总会显得"不好意思"。其实,我们只要把自己心灵的枷锁解开,就会找到自信,摆脱那些冠冕堂皇的"不好意思",为自己寻找一份更广阔的空间。

一颗珠粒,只有经过蚌贝中的反复冲洗,才能成为名贵的珍珠。一棵小树,只有经历风雨才会长成参天大树。人也一样,只有经历挫折,才能获得丰富的经验。不要自卑,自卑是打垮一个人自信和扼杀一个人精神的魔鬼,心底的卑微感会让我们变得懦弱。我们不一定是最好的,但只要尽力,就问心无愧,有时候结果并不重要。成功路上的绊脚石,有多少是客观原因,又有多少是主观因素所为?

在每一位成功者的眼中,生活是波折不断的,但是他们喜欢挑战这样的生活,因为他们觉得没有自己解决不了的事情。他们之所以成功,能这么自信,都是因为他们有着"我一定行"的心理暗示。

成功学家胡巴特曾说,这个世界愿对一件事情赠予大奖,包括金钱与荣誉,这就是——要相信自己行就一定行。

威廉·丹佛斯是一家名为布瑞纳公司的老总。他小时候很瘦弱,就好像许多健身广告里"练习前"的那种瘦小体型。他告诉他最好的朋友,自己的志向也不远大。他对自己感觉很差,加上瘦弱的身体,这种不安全感加深了。

但是,后来一切都改变了。他在学校里遇到一位好老师。有一天,这位老师私下把他叫到一旁说:"威廉,你的思想错了!你认为你很软弱,就真会变成这样一个人。但是,事实并非一定会这样,我敢保证你是一个坚强的孩子。"

"你是什么意思?"这个小男孩问,"你能吹牛使自己强壮吗?"

"当然可以。你站到我面前来。"

小丹佛斯站到老师的面前。"现在,就以你的姿势为例。它说明你正想着自己弱的一面。我希望你做的是考虑自己强的一面。现在,照我所说的做,收腹挺胸,想象自己很强壮,相信自己会做得到。然后,真正去做,敢于去做,靠自己的双腿站在世上,活得像个真正的男子汉。"

小丹佛斯照着老师的话去做了。他最好的朋友最后一次见到他时,他已经85岁,仍然精力充沛、健康、有活力。当他们分手时,他对朋友讲的最后一句话是:"记住,要站得直挺挺的,像个大丈夫。"

读丹佛斯的故事,再想想我们自己。在生活中,我们每个人常常在不知不觉中把大多数烦恼强加给自己。如果我们认为可能会受

第一章
在不安的世界里，给自己力量

到不公的待遇，那么我们就很容易受到这种对待，或者说我们自己是这么认为的。如果我们希望取得成功，我们就真的能够成功。所以，我们要对消极的态度说"不"，而对积极的态度说"是"。下面我们再看这样一个小故事。

一个星期六的早晨，一个牧师正在为准备第二天的演讲伤透脑筋。他的太太出去买东西了，儿子由于没人照看一直在旁边吵个不停。

牧师随手拿起一本旧杂志，无意间看到一张色彩艳丽的巨幅图画，那是一张世界地图。于是他把这一页撕了下来，又撕成碎片丢到了客厅的地板上，然后对儿子说："强尼，来，把它拼起来，我就给你两毛五分钱。"牧师以为儿子至少能安静个半天，怎料不到十分钟，书房就响起了敲门声。"爸爸，我已经拼好了。"儿子强尼喊道。

牧师惊讶万分，儿子怎么能这么快就拼好了，而且每一片纸都整整齐齐地排在一起，整张地图又恢复了原状？"儿子啊，你怎么做到的？"牧师问道。"很简单呀！"强尼说，"这张地图的背面有一个人的图画。我先把一张纸放在下面，把人的图画放在上面拼起来，再放一张纸在拼好的图上面，然后翻过来就好了。我想，假使人拼得对，地图也该拼得对才是。"

听完，牧师忍不住笑了起来，立马给儿子两毛五的镍币。"儿子呀，你把明天演讲的题目也给了我。"牧师说道，"假使一个人是对的，他的世界也是对的。"

牧师说的话，其实是让我们学会相信自己。在这世上，人有三

种本能,即私心、性、社交。其中,私心是最基本的,如果私心被压制起来或者反常的话,我们就有麻烦了,甚至会造成悲剧。

美国发明家爱迪生在介绍他的成功经验时说:"什么是成功的秘诀?很简单,无论何时,不管怎样,我也绝不允许自己有一点点灰心丧气。"所以说,我们每个人都要相信自己能行且一定行,只要我们奋斗了,就问心无愧。

第一章
在不安的世界里,给自己力量

最可靠的人,是自己

拉美国家有一句谚语:"自力更生胜过上帝的手。"一个人的成长,离不开父母的抚养,老师的教导。不过,这些都是外在的因素,学会独立才是关键。培养独立能力、严格要求自己,才能迈向成功的彼岸!

我们不是孤立地生活在这个世界上,寻求别人的帮助很正常,但一味地依赖别人就永远不可能超越平凡。我们认识的人中有多少人只是在等待?更可怜的是,其中很多人甚至不知道等待的是什么。他们只是隐约觉得,或许会有好运气,或许会有机会出现,或许会有某个人帮助,希望通过这些或许的机会或机遇来改变目前的处境。

他们根本不明白,即使等到了,那些空等来的机会也会很容易失去,因为他们根本就没有自我,就像下面的赵强一样。

赵强从小到大都习惯事事依赖父母、朋友。刚刚大学毕业的他根本没有心思去找工作,只等着父母的安排。父母费了很大的劲儿,托朋友、找关系，好不容易给他找到一份行政的工作，可是他去了没几天便觉得累，跟父母说了一句"不合适"之后，就辞职不干了。

在那之后，他天天宅在家里，平时没什么事儿，就玩电脑打游戏。父母怎么劝都不听，说多了，他还会乱发脾气，父母没有办法，只好任由他这么闲散下去。

一晃过了三四年，到了适婚年龄的他，还没有女朋友。父母又开始着急，于是像当初那样，托朋友帮忙介绍，甚至还跑了几次婚介所。可是周围人一打听，知道赵强是一个好吃懒做，依靠父母生活的人，马上就拒绝再谈下去。父母为了他的事，都快愁白了头发，但是却没有任何办法。

生活中，有很多人都像赵强一样，习惯依赖父母，或是身边亲近的人，这样久而久之，就让自己丧失了独立自主的能力，这样对自身而言是有百害而无一利的。

我们每个人身上都有属于自己的独特潜能，这种潜能亟待我们去发掘。所以我们应该对自己的能力进行考验，这样才会知道自己到底有多大的潜力。很多看似没有领导天赋的人最终证明了自己是伟大的领导者，尽管一开始他们很少显示出自立的能力。

1791年，法拉第出生在伦敦市郊一个贫困铁匠的家里。父亲收入菲薄，常生病，子女又多，所以法拉第小时候连饭都吃不饱，有时一个星期只能吃到一个面包，当然更谈不上去上学了。

法拉第12岁的时候，就卖报了，一边卖报，一边从报纸上识字。13岁的时候，法拉第进了一家印刷厂当图书装订学徒工。他仍然坚持一边装订书，一边学习。利用工余时间，他翻阅装订的书籍，

第一章
在不安的世界里，给自己力量

甚至在送货的路上，他也边走边看。经过几年的努力，法拉第终于摘掉了"文盲"的帽子。

渐渐地，法拉第能够看懂的书越来越多。他开始阅读《大英百科全书》，并常常读到深夜。他特别喜欢电学和力学方面的书。法拉第没钱买书、买簿子，就利用印刷厂的废纸订成笔记本，摘录各种资料，有时还自己配上插图。

一个偶然的机会，英国皇家学会会员丹斯来到印刷厂校对他的著作，无意中发现法拉第的"手抄本"。当他知道这是一位装订学徒记的笔记时，大吃一惊，于是他送给法拉第皇家学院的听讲券。法拉第以极为兴奋的心情，来到皇家学院旁听。作报告的是当时赫赫有名的英国著名化学家戴维。法拉第瞪大眼睛，非常用心地听戴维讲课。回家后，他把听讲笔记整理成册，作为自学用的《化学课本》。后来，法拉第把自己精心装订的《化学课本》寄给戴维，并附了一封信，表示"极愿逃出商界而入于科学界，因为据我的想象，科学能使人高尚而可亲"。

收到信后，戴维深为感动。他非常欣赏法拉第的才干，决定把他招为助手。法拉第非常勤奋，很快掌握了实验技术，成为戴维的得力助手。半年以后，戴维要到欧洲进行一次科学研究旅行，访问欧洲各国的著名科学家，参观各国的化学实验室。戴维决定带法拉第出国旅行。就这样，法拉第跟着戴维在欧洲旅行了一年半，会见了安培等著名科学家，长了不少见识，还学会了法语。

回国以后，法拉第开始独立进行科学研究。不久后，他发现了电磁感应现象。1834年，他发现了电解定律，震动了科学界。这一

定律被命名为"法拉第电解定律"。

法拉第依靠刻苦自学,从一个连小学都没念过的装订图书学徒工,跨入了世界一流科学家的行列。恩格斯曾称赞法拉第是"到现在为止最伟大的电学家"。

法拉第的故事揭示了这样一条道理:年轻人需要的是原动力,而不是依靠。他们天生就是学习者、模仿者、效法者,如果给他们太多的帮助,他们就很容易变成仿制品。

依靠他人,觉得总是会有人为自己做任何事,所以不必努力,这种想法对发扬自主自立和艰苦奋斗的精神是致命的障碍!

我们从没听说过某个习惯于等着帮助,等着别人拉扯一把,等着别人给予钱财,或是等着运气降临的人能够真正成就大事。只有抛弃身边的每一根拐杖,破釜沉舟,依靠自己,才能赢得最后的胜利。自立是打开成功之门的钥匙,也是力量的源泉。

一旦你不再需要别人的援助,自强自立起来,你就踏上了成功之路。一旦你抛弃所有外来的帮助,你就会发挥出过去从未意识到的力量。要知道,世界上最可靠的那个人,一直都是自己。

第一章
在不安的世界里,给自己力量

没有必要过分追求完美

上帝给了你美丽的容貌,却不给你博大的思想;上帝给了你高深的智慧,却不给你健康的体魄。月盈则亏,水满则溢;荣辱相依,福祸相倚,世事总有不完美的时候。对于完美主义者而言,他们追求完美,一般会把全部的精力都投入工作中去,认为自己做到100%还不够,一定要做到101%。然而,也正是人们时刻都在追求完美,使得自己脸上的笑容越来越少。对于人生而言,生命是一个过程,我们没有必要过分追求完美,而忽略了生活中的美好。

加拿大英属哥伦比亚大学心理学家保罗·休伊特认为:"过度追求完美是一种病态心理,不利于身心健康。"保罗·休伊特自20世纪90年代开始研究完美主义。他发现,完美主义者有不同的表现形式,但不管是何种类型的完美主义者,都有这样或那样的健康问题,比如沮丧、焦虑、饮食紊乱等。

其实,只要我们能够做到把心放宽,生活就一定会变得更加美好。事实上,我们现实点想想,很多时候,即便你追求事事完美,

也不一定带来成功。有一则这样的寓言：

在非洲大草原，有一头年幼的狮子叫迪奥。它从小就立下雄心壮志，要成为一头最优秀、最完美的狮子。后来，迪奥发现，虽然兽类都尊狮子是"草原之王"，但狮子有个明显的弱点，就是在中长跑项目中的耐力比羚羊弱。很多时候，就因为这个弱点，羚羊从嘴边溜掉了。

迪奥决心改变这个弱点。通过长期对羚羊的观察，它认为羚羊的耐力与吃草有关。为了增长耐力，迪奥便学羚羊吃起草来，最后因吃草而变得体力匮乏，奄奄一息。母亲发现迪奥这一做法后，便教育迪奥："狮子之所以成为'草原之王'，不是因为没有缺点，而是因为它有突出的优点，包括突出的观察力、优异的爆发力、锋利的牙齿和准确的扑跳动作才称霸于草原的，没有缺点的狮子是不存在的。"

迪奥听了母亲的话，认识到自己的错误，不再把心思放在改变自己的缺点上，而是尽力去发挥自己的优点。最终，迪奥成了那片草原上最优秀的狮子。

很多时候，我们人类同样会犯狮子迪奥年幼时的错误，为了让自己变得完美，我们总希望改掉身上的一切缺点。然而，在努力改变缺点的过程中，不知不觉地放弃了自己的优点，而成为一个平庸之人。其实，只要一方面特别优秀，就非常了不起。若要全面追求第一，就可能连一个第一都拿不到。因此，在追求完美的过程中，要懂得有所"放弃"，要学会接受"失去"。

我们每个人都无法选择父母、容貌、家境，于是这些事实就成

第一章
在不安的世界里，给自己力量

了很多人长大以后遇到的第一个痛苦。他们会不停地抱怨："我家太穷了！父母没有本事，也没有社会地位，别人都可以靠家里找一份体面的工作，可我的父母什么忙也帮不上……说出来真是丢人！"而第二个痛苦来源于自己总是抱怨自己的缺点太多："我个子为什么这么矮？我皮肤很黑，身材也不好！"总觉得自己不完美，认为自己的体貌难以融入这个社会。他们从未感觉到幸福，因为他们的目光一直停留在自己不曾拥有的东西上。

出身贫穷，家境破败，长相不佳，但这都不能剥夺我们幸福的权利。人一定要认清事实，大度而愉快地接受上帝馈赠的礼物，接受自己的不完美。父母是农民，不等于你不能接受高等教育；妈妈一辈子吃苦受累，不等于你不能成为蓝领、白领乃至金领。只要你学会享受自己拥有的，你的人生一样会很精彩，幸福也会悄悄降临在你的身上。

春曼和心曼是一对出生在黑龙江农村的姐妹，和所有女孩一样，她们喜欢漂亮，也有着自己的梦想。只是，两姐妹是残疾人，无法行走，每天只能坐在轮椅上。医生说，她们只能活到30岁。

这对姐妹没有享受过校园里的生活，但她们学认字，后来又经营书报摊。再后来，两姐妹开通了"春曼心曼生命关怀热线"，并出版了她们的第一本书《生命从明天开始》。拿到了稿费之后，她们做的第一件事就是帮家里还债。之后，两姐妹的第二本小说《假如我可以站起来吻你》出版了，她们从"百无一用"的残疾人成了名人。

医生当初的预言并没有磨灭她们勇敢地活下去的勇气，身体的残缺没有让她们看不起自己，也没有让她们抱怨上天的不公。如今

她们已经走过了 30 多个春秋，她们从不和任何人去比较自己没有的东西，她们快乐地生活着，努力享受每一天的生命，力求让每一天都很精彩。

两位残疾姐妹能够尽情地享受生命的精彩，那么身体健康的人又有什么理由看不起自己呢？不必太在意别人有而自己没有的东西，有失必有得，生活就是这样。如果春曼和心曼没有身体上的残缺，也许她们就不会将生命的可贵领悟得如此透彻，也不会感受到活着是这样的幸福。

每个人一生的机遇和拥有是不同的，我们不要只看到或只看重没有得到的，而忽视了曾经拥有的。我们不可能拥有一切，生活中固然有很多美丽的东西，但并非样样都是我们能够消受的。清闲时有清闲时的满足，也有清闲时的寂寞；繁忙时有繁忙时的烦恼，也有繁忙时的乐趣。有钱人有有钱人的潇洒，也有他们的担心和脆弱；穷人有穷人的艰辛，也有他们的坦然和欢笑。还记得玛格丽特·米切尔的小说《飘》中的郝思嘉吗？她固执、虚荣、聪明、狡黠，但她是那么真实，她的缺点与美艳完美地融合在一起，无人能及。

完美是乏味的，它意味着已经失去了任何可能性和延伸感。只要我们敢于正视自己的不完美，调动自身各种优势与之协调，对这个缺陷进行弥补和矫正，一样可以成就精彩的人生。

第一章
在不安的世界里,给自己力量

学会挖掘自己的长处

俗话说:"尺有所短,寸有所长。"每个人都有长处,也有短处。如果只看到自身的短处,忽视长处,就很容易产生自卑情绪。只有发挥长处,产生自信,才能使自己增添无穷的力量,创造出奇迹。

富兰克林·罗斯福是美国历史上最受人尊敬的总统之一。他曾在美国政坛上创造了一个奇迹——连任四届总统,在位长达12年之久。

然而就是这样一个风光无限的伟人,他的童年却充满了自卑。富兰克林·罗斯福小时候非常瘦弱胆小,他害怕见到陌生人。小罗斯福每次给人的印象总是满脸惊恐的表情。课堂上,每当被老师叫起来背诵课文时,小罗斯福总是紧张得浑身发抖、语无伦次,说话前言不搭后语且含糊不清。一般的小孩如果出现他这种情形,一定会变得越来越不愿意参加各种活动,也会越来越孤僻。

然而,小罗斯福并没有退缩,虽然容易紧张,但他勇于正视自己的不足,反而更加积极地面对。即使同伴们嘲笑他,他也不以为

意,就像他面对紧张时嘴唇就会颤动的问题一样,他坚定地对自己说:"只要我用力地咬紧牙床,阻止它们颤动,不久我就能克服紧张的情绪了。"

每一天罗斯福总是坚定地告诉自己说:"我一定要成为一个坚强自信的人,这个世界一定有我的位置!"

每当他看见其他小朋友活力十足地参与各种体育活动时,便强迫自己也要参加,不管体力是否能够承受,每个人从他的眼神里,都可以看见他坚定地想要成功的信心和决心。当然他也有恐惧的时候,然而每当这时,他会对自己说:"我一定行!"慢慢地,他克服了怯懦,也克服了自卑心理,拥有了不屈不挠的精神,让他敢于面对任何挑战。

罗斯福在体力上不如别人,但他擅长辩论,是"辩论学会"的成员。那时候他就表明了自己的政治主张,他建议给予菲律宾独立,建议加强海军力量。

同时,为了让自己更强壮,罗斯福利用假期时间坚持不懈地加强体能训练。正是凭着这种勇于挑战自我的奋斗精神与自信,罗斯福最终成为了美国的第32任总统。

人无完人,每个人都有或多或少的不足,我们完全没有理由为一些自己无力改变的东西自责。以一种平常心态坦然面对自己的缺陷和不足,并积极地发挥长处,就能够培养和增强自信,从而改变你的人生,找到最适合自己的位置。只要我们不因身上的缺陷而自暴自弃,只要我们不放弃自己,勇敢地走出自卑的阴影,我们就会在各自的人生路上有所收获。只要你相信自己能,你就一定会无所

第一章
在不安的世界里，给自己力量

不能。

其实，一个人究竟是自信还是自卑，完全是由自己掌控的。罗斯福夫人曾经说过："没有你的同意，谁也不能让你觉得自己低人一等。"每一个来到世界上的人，都有自己的独到之处，也都会有独属于他的发光点。在降生的那一刻，每个人都站在同一起跑线上，然而，将面临的道路和终点却又注定千差万别，是他们后天的努力及以何种方式来作为，导致了那些迥然不同的人生路。

美国的比特小的时候也是个很一般的孩子，甚至还不如一般的孩子。他做什么事情都比别的孩子要慢，同学讥笑他太笨，老师说他不努力，不求上进。他无论怎样努力去改变自己的状态，都没能成功。直到他上了9年级时，父母把他带到一家医院检查，才发现他患有动作障碍症。

高中毕业时，比特填报了十所大学。他想，总有一所大学会录取自己的。可是，他一份大学录取通知书也没有接到。最后他父亲花了3000美元，让他上了一所只要交钱就可以上的大学。在这所大学就读一年以后，他又转到另一所大学去学习建筑了。大学毕业后，他进入了房地产行业。22岁时，他开了一家房地产公司。

后来，他在美国的四个州，一共建造了9000多座公寓，并且拥有900多家连锁店。最后，他又进军银行业，成了有名的银行家。他的资产达到近百亿美元，在美国赫赫有名。

每个人都有自己最擅长的一面。有人擅长写作，有人擅长算术，有人擅长画画，有人擅长研究。对有些人来说是很难的东西，而对于另一些人来说却是小菜一碟。所以，我们应该明白：一定要做最

适合自己的事情，不要迎合别人的口味去做一件不属于自我但又要付出巨大乃至一生代价的事情。

每个人都有自己的长处，而每个人的长处可能相同，也可能是独一无二的，而我们的长处就需要自己去发掘、去寻找，在找到之后，就应该好好地去经营它，使它成为最出色的。若知道自己的长处而不去细心地经营，慢慢地，自身的长处就会变得黯淡无光，甚至成为自己的短处。到了那时，你才知道自己所拥有的长处是多么的好。

那到底怎样才能算是经营自己的长处呢？其实，最好的办法就是不断地去练习，只有不断地练习，你的长处才会变得更加突出。千万不要等到需要自己的长处的时候才想起它，到时候临阵磨枪可就来不及了。

人生要取得更大的成就，就应该在自己更容易做好的领域科学地规划，所以，成功的人生规划就在于最大限度地发挥自己的优势。发掘自身的优点，经营自己的长处，保持热情并充分地加以利用，也许我们就会因此而改变自己的命运。

第一章
在不安的世界里，给自己力量

接受自己，欣赏自己

在生活中，很多人之所以不能接纳自己，是因为他们老是把眼光放在别人身上，总认为别人是最好的，而自己则是最差的。其实，我们完全可以用另一种眼光来看待自己。

有人曾经说过，如果你是骆驼，就不要去唱苍鹰的歌，骆驼同样具有魅力。记住，你是世界上独一无二的，你是构成这个斑斓世界的一份子。地球上的每棵树都扎根于适合自己生长的土地中，机器上的每个零件都安守在自己的位置上。是水草，就不要妄想在沙漠上生长；是螺丝钉，就不要想着去拥有轮子转动的自由。我们要接纳自己，找准自己的位置，才能拥有人生的成功之路。

很久以前的一天，一位名叫南若的移民站在河边发呆。这天是他30岁的生日，可他不知道自己是否还有活下去的必要。南若从小在福利院长大，不但身材矮小，而且长得也不怎么样，讲话又带着浓重的法国乡下口音，所以他认为自己是一个既丑又笨的乡巴佬，不敢到任何一家单位去应聘。他没有工作，也没有家。

就在南若徘徊于生死之间的时候,和他从小一起长大的约翰兴冲冲地跑过来对他说:"我刚刚从收音机听到了一则消息,拿破仑曾经丢失了一个孙子。播音员描述的相貌特征与你丝毫不差!""真的吗?我竟然是拿破仑的孙子?"南若瞬间精神大振,联想到爷爷曾经以矮小的身材指挥着千军万马,用带着泥土芳香的法语发出威严的命令,他顿时感到自己矮小的身材同样充满力量,讲话的时候法国口音也带有几分高贵和威严。

第二天,南若便满怀信心地来到一家大公司应聘。20年后,已成为大公司总裁的南若,查证自己并不是拿破仑的孙子,但这早已不重要了。为此他总结道:"接纳自己、欣赏自己,将所有的自卑全都抛到九霄云外。我认为,这就是成功最重要的前提!"

一个人只有充分地自我接纳,懂得欣赏自己,才能有良好的自我感觉,才能自信地与人交往,出色地发挥自己的才能和潜力。假如一个人不懂得欣赏自己、接纳自己,老是以怀疑、否定的态度看待自己,就有可能限制甚至扼杀自己的生命力。事实上,我们的身边因为自卑自怜、自暴自弃等各种心理原因,而造成的自寻短见的事例已经太多了,并且还在不断地出现,给家人造成痛苦,给社会造成损失。当然,更难以赢得别人的欣赏和肯定了。

天下无人不自卑。无论圣人贤士、富豪王室,还是贫农寒士,在他们孩提时代的潜意识里,都是充满自卑的。但做人想要成就一番事业,首先就要尽力清除人类天性里的不良因素,用坚定代替懦弱,用欣赏代替自卑。要记住:欣赏自己并不是傲视一切的孤芳自赏,也不是唯我独尊的狂妄不羁。因为它不需要大动干戈的勇气,也不需要改头换面的毅力,它只属于一种醒悟,一种境地,一种面对困难能给予自己信心的源泉,一种推动自己向挫折挑战的动力。

法国伟大的启蒙思想家、文学家卢梭,幼时双亲早逝,从小流落街头;法国无神论存在主义代表者、文学家萨特,两岁丧父,左眼斜视,右眼失明;法国第一帝国皇帝、政治家、军事家拿破仑,身材矮小且家庭贫困;美国总统林肯出身农庄,9岁失母,由于家庭贫困受教育程度不高;日本著名企业家松下幸之助,4岁家败,9岁辍学谋生,11岁亡父。

若他们因此而自卑自怜,便不会获得如此成就。他们没有怨天尤人,没有自暴自弃,而是奋勇向前,把压力转化为动力,使他们比别人更努力、更发奋,付出更多,也收获更多。所以,曾经有过逆境并不可怕,可怕的是永远沉溺其中,不能自拔。

当我们在经历成长过程的时候,要学会忘记自卑、战胜自卑,学会欣赏自己、接受自己。要敢于对自己提出更高的要求,并且在失败的时候不会放弃,才能最终获得成功。强者也并不是天生的,也不是没有软弱的时候,强者之所以成为强者,是因为能接受自己,战胜自己的软弱。

当我们在经历成长过程的时候,都不懂得欣赏自己,不能接受自己,总认为别人拥有的都是好的,别人能成功都是理所当然的,认为自己满身的缺点,是永远不可能成功的。就这样,放弃自己,不接受自己,从而与成功绝缘。

所以我们要学会接受自己,欣赏自己。因为在欣赏自己的前提下,我们才能敢于对自己提出更高的要求,并且在失败的时候不会

放弃，最终获得成功。强者也并不是天生的，也不是没有软弱的时候，强者之所以成为强者，是因为能接受自己，战胜自己的软弱。

那些向往成功、不甘在生活中沉沦的人，都应该牢记先哲的这句至理名言："最优秀的就是你自己！"只有自己才是自己生命的重心，也只有自己才能给自己肯定，才能发掘出自己的潜力，才能实现最佳的突破。

只有接受和欣赏自己，我们才能把事情做好，遵循内心的梦想努力实践，自身才会充满生命的能量，充满生命的激情。我们要接受自己，欣赏自己，不论前途多么崎岖，都要坚定地走下去。只有这样，成功才可能属于我们。

第一章
在不安的世界里，给自己力量

不要总是羡慕别人

在现实生活中，有太多的人觉得自己不快乐、不幸福，为什么他们会有这样的情绪呢？其实很简单，就是因为他们更多地把注意力放在自己没有的东西上，而不懂得享受自己所拥有的。

比起残疾的孩子，你的身体很健全，所以应该感到快乐；比起穷苦的吃不上一口饭的孩子，你每天都能吃饱，所以应该感到快乐；比起那些不能上学，还要在外奔波养家糊口的孩子，你能安安稳稳地坐在教室里上课，每天可以学习到很多新知识，你也应该感到快乐。如此，你还有什么理由郁郁寡欢、愤愤不平呢？你应该全身心地投入学习，把每一天的生活当作是一种享受，你的生活就会快乐和充实起来。

也许老天夺走了你很多东西，可是如果一直坐在那里埋怨上天是多么不公平，结果你仍然无法把失去的东西找回来，只会让自己失去更多。但是如果你积极地去面对，多看自己拥有的，而不是失去的，就会感受到真正的幸福。

黄美廉这个名字，在我国台湾可谓是家喻户晓。她出生时因为一些意外而患上了脑性麻痹，在6岁之前，全身的运动神经和语言神经受到伤害，面部畸形，常常不受控制地流口水，而且失去了说话的能力。在众人眼里，她就像是一个丑陋的怪物。面对这些残酷的事实，黄美廉没有丧失内在奋斗的激情。小学二年级时，在老师马怡江的启发下，她找到了自己人生的目标，确立了当画家的志向。中学毕业后，黄美廉分别进入洛杉矶学院和加州州立大学修读艺术，身体的残疾丝毫没有击垮她的自信，反而让她更加坚定自己的意志。在付出了常人无法想象的努力之后，黄美廉最终获得美国著名的加州大学艺术博士学位，而她的画展也轰动了世界。黄美廉靠手中的画笔，还有很好的听力，抒发着自己的情感。

在一次讲演会上，一个中学生问道："黄博士，你从小就长成这个样子，请问你怎么看你自己？"

在场的人都暗自责怪这个学生不敬，但黄美廉却十分平静地在黑板上写下了这么几行字："一、我好可爱；二、我的腿很长很美；三、爸爸妈妈那么爱我；四、我会画画，也会写稿；五、我有一只可爱的猫……"最后，她这样总结道："我只看我所有的，不看我所没有的！"顿时全场掌声雷动。

想要幸福，必须要接受现实，学会肯定自己。在这个世上，每个人都有着不同的缺陷，并非只有你是不幸的。无须抱怨命运的不公，不要在意自己没有的，要多看看自己拥有的，就会接受和肯定自己。

第一章
在不安的世界里,给自己力量

上帝给谁的都不会太多,上帝对谁都不会不公平。我们不能用狭隘的眼光去看生活,更不能用苛刻的视角看自己。那样我们只会看到自己没有蒙娜丽莎的漂亮,没有赫本的魅力,没有布什家族的背景,也没有比尔·盖茨的财富……但是如果我们拥有一颗阳光快乐的心灵,看到自己所拥有的,就足以快乐充实地生活着。

这是流传于西方的一则故事。由于世界大战爆发,某人无法取得他的工厂所需要的原料,因此只好宣告破产。他大为沮丧,于是,离开妻子儿女,成为一名流浪汉。他对于这些损失无法忘怀,而且越来越难过,甚至想要跳湖自杀。一个偶然的机会,他看到了一本名为《自信心》的书。这本书给他带来勇气和希望,他决定找到这本书的作者,请作者帮助他重新站起来。

当他找到那位作者,说完他的故事后,作者却对他说:"我已经以极大的兴趣听完了你的故事,我希望我能对你有所帮助,但事实上,我却绝无能力帮助你。"

他的脸立刻变得苍白。他低下头,喃喃地说道:"这下子完蛋了。"

那位作者停了几秒钟后说:"虽然我没有办法帮助你。但我可以介绍你去见一个人,他可以帮助你东山再起。"刚说完这几句话,流浪汉立刻跳了起来,抓住那位作者的手,说道:"看在老天爷的份上,请带我去见这个人。"

于是那位作者把他带到一面高大的镜子面前,用手指着镜子说:"我介绍的就是这个人。在这个世界上,只有这个人能够使你东山再起。除非坐下来，彻底认识这个人，否则，你只能跳到密歇根湖里。因为在你对这个工作充分地认识之前，对于你自己或这个世界来说，你都将是个没有任何价值的废物。"

他朝着镜子向前走了几步，用手摸摸他长满胡须的脸孔，对着镜子里的人从头到脚打量了几分钟，然后退后低下头，开始哭泣起来。

几天后，那位作者在街上碰见了这个人，几乎认不出来了。他的步伐轻快有力，头抬得高高的。他从头到脚打扮一新，看来是很成功的样子。

"那一天我离开你的办公室时，还只是一个流浪汉。我对着镜子找到了我的自信。现在我找到了一份年薪3000美元的工作。我的老板先预支一部分钱给我。我现在又走上成功之路了。"他还风趣地对那位作者说，"我正要前去告诉你，将来有一天，我还要再去拜访你一次。我将带一张支票，签好字，收款人是你，金额是空白的，由你填上数字。因为你介绍我认识了自己，幸好你要我站在那面大镜子前，把真正的我指给我看。"

心灵的成熟过程是坚持不断的自我发现、自我探寻的过程。除非我们先了解自己，否则我们很难去了解别人。根据苏格拉底的说法，"了解你自己"是智慧的开端。那么，"你是独一无二的"这一说法，便是现代人对古老智慧的新诠释了。所以，如果我们想使自己变得更加成熟，请相信"你是独一无二的"。

生活中，面对别人取得的成就，我们总是免不了要去羡慕。有的人在羡慕之后，就开始发愤图强，以对方为目标，争取自己也能取得这样的成就。而有的人则耽于羡慕别人,不懂得要靠自己的努力去成就一番事业,所以始终取得不了什么成就。

其实,我们根本不必羡慕别人的才能,因为自己身上也有别人所不具备的能力,只是很多时候没有发现而已。从某种意义上来说,这就是我们身上的潜能,只要好好开发、利用,我们同样能获得让别人羡慕的成就。

要有主见，不盲目随从

在如今的社会中，很多人没有主见，只懂得跟在别人的身后，做同样的事，好像只有这样，才能获得一些安全感。生活中这样的例子不少。例如，看见周围人都换了新手机，自己也赶紧买了一个；看见别人买了什么股票，自己也赶紧跟着买上；别人穿什么款式的衣服，自己就买什么衣服……好像自己已经成了木偶一般，没有思想，即便有，也不自信。

别人不是自己，别人做的事，我们不一定非要去做，况且别人做的事情也不见得就是对的。我们要有自己独立的思想和独立的人格，不能总是盲目地去随从别人。

下面我们看这样一个故事。

一群青蛙在高塔下玩耍，其中一只青蛙建议："我们一起爬到塔尖上去玩玩吧。"众青蛙都很赞同，于是它们便聚集在一起相伴着往塔上爬。爬着爬着，其中聪明者觉得不对，"我们这是干吗呢？这又干渴又劳累的，我们费劲爬它干吗？"大家都觉得它说得不错。于是

第一章
在不安的世界里，给自己力量

青蛙们都停下来了，只剩下一只最小的青蛙还在缓慢地坚持着。它不管众青蛙怎样在下面鼓鼓噪噪地嘲笑它傻，就是坚持不停地爬，过了很长时间，终于爬到了塔尖。这时，众青蛙不再嘲笑它了，而是在内心里都很佩服它。等到它下来以后，大家都问它："到底是一种什么样的力量支撑着你自己爬上去的？"

答案很是让大家出乎意料：原来这只小青蛙是个聋子。它当时只看到了所有的青蛙都开始行动，但当大家议论的时候它却没听见，它以为大家都在爬，自己也就不停地爬，最后它爬上去了。

小青蛙听不见众青蛙的议论和嘲笑，也就是说，它没有被群体的意见所左右。然而，假设小青蛙不是聋子，听到别人的议论，它还会冒着干渴和劳累继续往上爬吗？在别人的嘲笑声里，它还能一如既往地坚持自己的目标吗？

作为一个具有正常思维的人，谁都不会漠视他人对自己的评价，我们谨言慎行就是不愿意授人以柄。很多时候，他人的议论，他人的说道，他人的观点，他人的态度等都会对自己的心情和行为产生极大的影响。他人的意见往往是我们自己行为的镜子，我们总是在别人的目光中调整着自己的人生坐标。

可是，当我们认准了目标，并决心要实现这个目标时，就不能太在意别人的说法和看法了。如果老是被别人的看法所左右，让自己活在别人的目光和唾液里，缺乏主见，那我们也许一辈子一事无成。

在日常工作中，很多人之所以出现"怀才不遇"的现象，很大一部分的原因就在于他们没有自己的主见与见解，只会盲目地随

大流。比如说，对于工作中那些"轻车熟路"的问题，他们会下意识地对一些现成的思考过程和行为方式进行重复，久而久之，就形成了思想上的惯性，会不由自主地依靠既有的经验、按照固定的思路去考虑问题，而不愿意转个方向、换个角度想问题，终将一事无成。

撒切尔夫人的父亲罗伯茨在英国格兰文森小城开了一家杂货店。在玛格丽特（撒切尔夫人）五岁生日那天，父亲把她叫到跟前，语重心长地说："孩子，你要记住——凡事要有自己的主见，用自己的大脑来判断事物的是非，千万不要人云亦云啊！这是爸爸赠给你的人生箴言，是爸爸给你的最重要的生日礼物！"从此，罗伯茨努力把女儿培养成一个坚强独立的孩子，下定决心要塑造她"严谨、准确、注重细节、对正确与错误严格区分"的独立人格。有了父亲这样一位"人生导师"，玛格丽特茁壮成长着。

玛格丽特入学后，她才惊讶地发现身边的同学有着比自己更为自由和丰富的生活，劳动、学习和礼拜之外的天地竟然如此广阔和多彩。他们平时一起在街上游玩，可以做游戏、骑自行车；星期天，他们又去春意盎然的山坡上野餐，一切都是那么诱人。幼小的玛格丽特心里痒痒的，她幻想能有机会与同学们自由自在地玩耍。有一天，她回家鼓起勇气跟充满威严感的父亲说："爸爸，我也想去玩。"罗伯茨脸色一沉，说："你必须有自己的主见！不能因为你的朋友在做某件事情，你就也得去。你要自己决定你该怎么办，不要随波逐流。"见孩子不说话，罗伯茨缓和了语气，继续劝导玛格丽特："孩子，不是爸爸限制你的自由，而是你应该要有自己的判断力，有自

第一章
在不安的世界里，给自己力量

己的思想。现在是你学习知识的大好时光，如果你想和一般人一样，沉迷于玩乐，那样一定会一事无成。我相信你有自己的判断力，你自己做决定吧。"听罢父亲的话，小玛格丽特再也不吱声了。父亲的一席话深深地印在了她的脑海里，她想："是啊，为什么我要学别人呢？我有很多自己的事要做。刚买回来的书我还没看完呢。"

罗伯茨经常这样教育女儿，要她拥有自己的主见和理想，这最能显示一个人的个性，而随波逐流只能使个性的光辉淹没在芸芸众生之中。

在生活中，人云亦云是从众心理的一种外在表现。有的人在很多地方都是"跟屁虫"，别人说什么，他们也就说什么，别人做什么，他也跟着做什么。很显然，这些人没有属于自己的思想意识，也不具备自主的行动方式。长此以往，就将出现"为别人而活着"的情况。所以，在任何时候，我们都应该记住一句话：不要人云亦云。

我们给自己的盲从心理"刹车"，尽量按照自己的想法、主张去解决问题，而不是事事都去征求别人的意见。其实，人们之所以会出现盲目跟从的现象，有很大一部分原因是视野不够宽阔，对很多事情既不懂也没有见过，自然很难判断准确。他们会这样想："大家都是这么去做的，错了也是大家一起错。"由此可见，要想做出正确的判断，就必须扩大视野，多给自己长点见识。

时代在不断地发展变化，我们自然也要跟着不断地成长进步。在面对问题的时候，我们不能总是依照固有的方式去解决，要懂得与时俱进。摆脱头脑中的思维定式，不再因循前人的足迹，只有另辟蹊径，我们才能变得更加优秀！

第二章

梦想,人性的内在生命力

自古以来,有多少成功人士的动力,都源于心中的梦想。因为有梦想的存在,我们才激发出潜能,去拼搏、去奋斗,寻找自己存在的价值和意义。梦想,是我们心中飞翔的白鸽,引领着我们去创造美好的明天。

心中有梦想，人生更精彩

梦想无所谓大小，它可以是你为国家拼搏的伟业，可以是你为养家糊口所干的工作，可以是你想买的一幢房子、一辆车，也可以是你想追求的"女神"……虽然这些都是我们日常生活中所常见的东西，但千万不要小看它们。人生是一场漫长的苦旅，很多时候正是因为这些梦想的存在，我们才鼓足勇气，硬生生地闯过人生旅途中的风雨阻挡，抵达幸福的彼岸。

梦想是我们发自内心的一种愿望，是来自灵魂深处的呼唤。梦想是生活的一部分，不需要它带来财富和名誉，但它会带给人快乐。心中有梦想的人生，就不会丧失希望，会更有意义、更精彩。

刘伟被称为"断臂钢琴家"，有着干净的容颜和坚定的眼神，只看一眼就会让所有人记住他。

作为一位普通的追梦者，在给《开学第一课》当表演嘉宾的时候，他只说了一句"你好"之后便再无更多的语言，也无更多的感慨发言。但是，他却用自己的行动代替了一切言语，用音乐代替了

第二章
梦想，人性的内在生命力

一切情感。一架钢琴，一个特殊的钢琴凳，这就足够了。这是他的舞台，这是他的梦想，这是他的生命，这是他新生命的起航！

他用脚趾弹奏出了动人的旋律，他用行动打动了每个人的心灵。那样熟练、那样深情、那样专注，如流水般、似行云般，这就是他对生命的赞歌，对梦想的诠释。一曲《梦中的婚礼》，完美地阐述出残缺的美、不完整的美、梦想的美。

这位灵魂的钢琴家，用行动告诉我们，没有手，用脚一样可以弹钢琴；没有手，用脚一样可以实现自己的梦想！正如他所说："虽然我体会不到拥抱别人的幸福感，但我能够在琴声中感受到更多的幸福。"在音乐中，他可以享受到公平的幸福，享受到人生的美好。

"摆在我面前的只有两条路：要么赶紧去死；要么精彩地活着。"这掷地有声的话语，可能让每个人的心都深感震撼。失去双臂，而如此坚定的意志、如此坚持的梦想，这句话虽是他的人生格言，但又何尝不给我们以启示呢？

当你真心地去追寻自己的梦想时，每一天都是缤纷精彩的。因为每一天，都是在实现自己梦想的一部分。在这世上，成功者之所以成功，就是因为他们始终怀揣着梦想，不曾放弃，梦想让他们积极努力地过好每一天，让他们的人生充满活力。如果没有梦想，就不会有为实现梦想所付出的巨大努力，就不会有后来光彩照人的他们。

在日本流传着一位"五星级擦鞋匠"的故事。故事的主人公名叫源太郎。

源太郎初中毕业后在一家化工厂做运转工，后来回到父亲开的和服店帮忙。不幸的是，和父亲一起做生意的合伙人盗款外逃，和服店被迫倒闭。源太郎想再回原来的化工厂工作，但被拒绝，为了糊口，他到处打零工。

偶然的一天，一个美国军官让他帮助自己擦皮鞋。源太郎本来不会擦，但是他从小心灵手巧，经美国军官一指点，很快就学会了，而且把皮鞋擦得可以照见人影，得到了丰厚的小费。从这以后，他决定靠擦鞋赚钱。

源太郎先是花费3年的时间，遍访了所有他听说过的手艺好的擦鞋匠，虚心向他们请教。同时，他总结别人的经验和缺点，总结出了自己独特的擦鞋方法。他有了自己的梦想：成为世界上优秀的擦鞋行家。在满腔热忱的促使下，他不仅追求把鞋擦干净、擦亮，还仔细地研究皮鞋的质量，努力做到精通皮鞋的类型、质地。

由于源太郎对皮鞋了如指掌，使得他擦鞋的技术达到了炉火纯青的程度。他会根据不同品牌的皮鞋，选用不同成分的鞋油。遇到一些颜色罕见的皮鞋，他就用几种颜色的鞋油自己调制。他还仔细地研究了各种鞋油的性质，努力做到既光亮，又充分滋润皮革，让光泽更持久。

生活不会辜负每一个为梦想热情投入的人。源太郎成功了。1975年，他成了希尔顿饭店的"定点擦鞋匠"。他的手艺异常受欢迎，一些外地的顾客甚至将自己的皮鞋邮寄过来让他擦。希尔顿饭店亚太地区的总裁理查德·亨特赞扬源太郎说："没想到，我们这个四星级的饭店出了个五星级的擦鞋匠。"

不仅如此，财界大亨等一些著名人物都成了源太郎的常客。还

第二章
梦想，人性的内在生命力

有一些世界级明星，如迈克尔·杰克逊等人都曾把鞋送到他那儿擦过。他的梦想实现了，他成了世界一流的擦鞋匠。

一个小小的擦鞋匠，凭着满腔的热情和激情，也能取得如此大的成就，这就是梦想的力量。有位哲人说："离开了梦想，任何人都算不了什么；而有了梦想，任何人都不可以小觑。"人生就是在有理想、梦想和目标，以及梦想和目标实现的循环往复中变得有价值和有意义。有梦想的人生是积极的人生；有梦想的人生是充实的人生；有梦想的人生是幸福的人生；有梦想的人生是快乐的人生。

"有梦想谁都了不起""人因梦想而伟大""心有多大，舞台有多大""只有想不到，没有做不到"。只有敢想，才能敢干，从来不敢想的事情，那么怎么可能成功呢？

其实，每个人的潜能都是无限的，一个人一生当中潜能的发挥只占3%~5%，就是爱因斯坦等科学家也只发挥到8%~10%。所以，在人生的旅途上，我们一定要有梦想，只有这样，人生才会更有意义，更加精彩！

行动才能成就梦想

心中有梦想，迈出了成功的第一步，但要想获得成功，实践才是关键！光靠想来实现目标，简直是天方夜谭！

小时候我们都折过纸船，从旧练习本上撕下一张纸，就能折出一只精致的小纸船，然后把它放进门前的小河里。小小的纸船，载着童年的梦想，乘风破浪，漂洋过海。时光流逝，人渐渐长大，有些梦想则永远止步了。

朱亚林是个普通的青年教师，他决心让儿时的梦想变为现实，要做一只能载人的纸船。当他说出自己的想法时，没有一个人相信，更不会有人支持他。客气一点的，说他是异想天开；不客气的，干脆劝他安心工作，不要胡思乱想。3岁小孩都知道，纸一入水，很快就会浸湿泡软，想让纸船载人，简直是天方夜谭。可朱亚林不这么想，薄薄的一张纸，肯定入水就化，如果是许多张纸粘叠在一起呢？没有人试过，他决心一试。

纸船载人，理论上不难解决，根据浮力公式，再结合自身体重，

第二章
梦想，人性的内在生命力

就能计算出纸船需要多大的体积。

真正动手做起来，就没那么简单了。首先是材料问题。卫生纸和报纸等吸水性太强，显然要排除。经过反复试验，他选用了吸水性不强的广告宣传页等废纸作为原材料，可以防止船体漏水。起初，他做出来的纸船是方方正正的，别人说这哪是船啊，分明就是个柜子，放进水里恐怕走不动。他想了许多办法，却做不出一只像样的船。那段时间，晚上做梦他都梦见纸船。

终于有一天，他从梦中得到了灵感。他花了5年时间，经过反复论证和无数次试验，终于用糨糊和废纸做出了第一只载人纸船：一米多长，两头尖尖，设计载重360公斤，理论上坐他一个人不成问题。

第一次下水试航，别人都为他捏了把汗，他不会游泳，毕竟是纸糊的船，万一沉了会出人命的。为了安全起见，他请了一条渔船护航，却把船老大吓坏了："我活了60年，没见过纸船能坐人，听都没听过！"他小心翼翼地坐上纸船，尽量保持身体平衡，用木棍划动纸船，稳稳地驶向河中央，居然不沉！

一个月后，他带着纸船去挑战岷江。他乘坐自己的纸船，用了11个小时，在水上漂流了80公里后，成功登岸。他的名字出现在报纸和电视上，他告诉记者："看到水面漂浮的杂草从我身边快速流过，心里面还是有些打鼓。"对他来说，这是一次成功的冒险，梦想到底战胜了恐惧。但他并不满足，他真正的目标是大海。

第一次下海试航，他信心百倍，用力划动纸船前行。可是海上风急浪高，他勉强划出几百米远，一个浪头打来，船翻了，满满一船的信心，随之沉入海底。首航即遭遇惨败，他对梦想的执着却感

动了无数人。就在他苦闷沮丧之时,一位专业漂流队员给他打来电话,表示愿意帮助他。纸船要在海上航行,除了要解决防水和载重问题,还必须加强纸船的强度和抗风浪能力。

　　在专家的指点下,他重新试验,不久又做出了一只更加坚固的纸船。再次出海,他用一副乒乓球拍做船桨,在海上顺利漂流了38分钟,并在预定地点上岸。他成功了,一个近乎荒诞的梦想,此刻变为现实。

　　有怀疑的目光,也有鼓励的掌声;有成功的喜悦,也有失败的沮丧;时而风平浪静,时而惊涛骇浪;有未知的风险,也有追逐梦想的刺激。小小的纸船,承载的不就是人生吗?谁都有梦想,但不是每个人都能梦想成真,有的人只会想,有的人会去做。只想不做的人,永远也收获不到成功的喜悦;想了就去做的人,将看到曙光之晨。

　　著名影星史泰龙是在一个"酒赌"的暴力家庭中出生的。他的父亲喜欢赌博,每次赌输了钱就会拿他的母亲撒气;而他的母亲喝醉了酒又会反过来拿他发泄,因此他常常是鼻青脸肿,皮开肉绽。高中毕业后,史泰龙就辍学了,在街头当起了混混儿。直到20岁那年,一件偶然的事刺痛了他的心。这件事让他知道,原来这世上有一群人和自己完全生活在两个世界!在他们的世界里,有很高的生活品质。他和他们完全没办法相比!为此,他大哭了一场,觉得自己现在的生活根本没有任何的意义!他看看父母的生活,已经游走在了贫困的边缘。

　　他大声喊叫:"我不能再这样下去了,不然就会跟我的父母一样,变成社会的垃圾!人类的渣滓!我一定要活出个人样儿来!我一定

第二章
梦想，人性的内在生命力

要成功！"从那时开始，史泰龙就思索规划自己的人生：从政，可能性几乎为零；进大公司，自己没有学历文凭和经验；经商，自己穷光蛋一个，哪来的钱去经商呢？他想了很久，都没有发现一个适合自己的工作，后来，他突然想到演员这个职业，不需要资本，不需要名声。尽管当演员也需要一定的条件和天赋，但是他想明白了，自己的梦想就是要当一名演员！

确定目标之后，他几经周折来到了梦寐以求的好莱坞，利用一切机会去接近明星、导演和制片人，希望他们能给他一次当演员的机会。他四处哀求："给我一次机会吧，请相信我！我一定会做好的！"可他得来的只是一次次的拒绝。但他没有灰心，他对自己说："世上没有做不成的事！我一定要成功！"一晃两年过去了，他遭受到了1000多次的拒绝。身上的钱花光了，为了生存，他只好在好莱坞打零工，干着一些粗重的体力活来养活自己。

受了无数次打击的史泰龙，大哭起来："难道我真的不适合当演员吗？难道酒赌世家的孩子只能是酒鬼、赌鬼吗？我不甘心！我一定要改变！一定要成功！"后来，他突然灵光一闪："现在的我既然不能直接当个演员，那么换个方式行不行呢？"于是，史泰龙又重新规划自己的梦想道路，他开始用心写起剧本来。经过这几年的耳濡目染，以及多次求职失败的经历之后，他飞快地成长起来了。终于，经过一年多时间的努力，他的剧本完成了！

他拿着自己写好的剧本开始四处寻找导演，"这个剧本可以免费给您用，只是我有个请求，让我当男主角吧！""你的剧本不错，可是当男主角，根本不可能！"他又遭受了一次次的拒绝。"也许下一次就行！我一定能够成功！"面对一次次失望，一个个的希望又支持着他。

"我不知道你能否演好，但你的精神一次次地感动着我。我可以给你一次机会，但我要把你的剧本改成电视连续剧，同时，先只拍一集，就让你当男主角，看看效果再说。如果效果不好，你便从此断绝这个念头吧！"在他遭遇1300多次拒绝后的一天，一个曾拒绝过他20多次的导演终于给了他一丝希望。

三年多的准备，终于可以一展身手，史泰龙丝毫不敢懈怠，全身心地投入。第一集电视连续剧创下了当时全美最高收视纪录——史泰龙成功了！

英国著名文学家劳伦斯有一句名言："成功的秘诀，在于养成迅速去做的好习惯。"在我们身边，细细观察就不难发现，许多贡献较大、成绩较优异的人，并不是他们的知识、眼光、观念多么出类拔萃，其梦想和目标常常和身边的人差不多，而是因为他们实现梦想的行动比别人先走一步，并且能够孜孜以求。

第二章
梦想,人性的内在生命力

坚守梦想,永不放弃

相信许多人都对"精卫填海"的故事耳熟能详吧。一只小小的精卫鸟,却能够做成感天动地的"大事业",其原因就是:它有着惊人的意志力,懂得坚守自己的目标,把挫折当作垫脚石。

中国的先哲们试图通过一个又一个感人的故事告诉我们:只要你有坚持的心态,能够将这种心态付诸实践,那么你就没有实现不了的梦想。在人生的旅途中,这是一个颠扑不破的真理。

王征是一位机械公司的销售员。身为一个山东小伙子,他天生就有一种做什么事情都要一股脑儿干到底、不达目的不罢休的劲头。按照他的话说,一定要征服他所想征服的。

对于自己的工作,王征有着非同一般的梦想:他希望自己有一天能成为这个行业的大师,通过自己的努力成为公司乃至行业内的销售之王。事实证明,王征不仅是这样想的,而且是这样做的。不管推销过程中遇到了什么样的困难,他都坚持绝不放弃。只要客户有足够的购买意愿,他就一定要把客户争取到手里。

一次，王征要向一位外企公司主管推销一套机械设备。当时，王征所在公司的产品并不是绝无仅有的，其竞争对手也很多。主管能采购王征的产品吗？王征却认为，对方有被说服的可能。虽然他数次遭到拒绝，但仍然坚持不懈。

王征的同事们都劝他放弃，因为他的目标非常难以实现。可王征却认为自己既然已经选定了目标，就一定不能放弃，想要成功，就要坚持。

王征依然一如既往地拜访客户。为了不让客户感到厌烦，他没有千篇一律地为了销售而拜访。他在争取与对方交上朋友——他们的交流有时候是聊当下机械工业的发展趋势，有时候则是在聊投资渠道的拓宽。不过，不管如何沟通，让主管成为自己客户的目标，王征一直没有放弃。

事实证明，王征的坚持是成功的。就在他认识并且持续与主管交流两年以后，这位主管成为了他的客户。不仅如此，他还帮王征向自己的公司争取了新分厂全部的机械设备订单——这单生意甚至达到了王征以往半年的销售额。

王征成功地实现了自己的梦想。仔细分析，他最终成功的原因就是认定梦想不放手，不为外人所动摇，为了实现梦想而奋斗，不半途而废。其实，世上任何事情的成功都必须要有坚持。一壶热水，想要它在正常大气压下沸腾起来，必须将温度提升到100℃，差10℃不行，差1℃也不行。同样，如果我们没有坚持的心态，那么即使我们再巧妙地工作，最后结果恐怕也不会乐观。

当困难羁绊住你前进脚步的时候，当失败挫伤你进取雄心的时

第二章
梦想,人性的内在生命力

候,当负担压得你喘不过气的时候,不要退缩,不要放弃,不要裹足不前,一定要坚持下去,因为只有坚持不懈才能通向成功。

生命的奖赏远在旅途的终点,并非起点。我们不知道要走多少步才能达到目标,踏上第一千步的时候,仍然可能遭到失败。但成功就藏在拐角后面,除非拐了弯,否则我们永远不知道还有多远,前进一步如果没有用,就再向前一步。

巴尔扎克是世界公认的最伟大的作家之一,他的《人间喜剧》至今依然是后世作家难以企及的艺术高峰。但是,这样一位伟大的作家,却曾经几乎与世界文坛失之交臂。

巴尔扎克出生于一个法国大革命后致富的资产阶级家庭。法科学校毕业后,他拒绝家庭为他选择的受人尊敬的法律职业,立志当文学家。经过几年努力,1829年,巴尔扎克完成了第一部长篇小说《朱安党人》。

小说邮寄给出版社后,巴尔扎克每天就在家里望眼欲穿,他希望能够有一家出版社赏识自己的作品。

这是一个雨后的早晨,按照往常的规律,是邮递员送邮件的时间了,巴尔扎克就如往常一样急切地等待着邮递员的敲门声。

突然,敲门声响了。巴尔扎克忐忑不安地站起来,他希望这一次送来的不是退稿。他已经收到17次退稿了,17家出版社都如出一辙地回信告诉他:"巴尔扎克先生,尊稿经过我们审读以后,不拟出版,特此奉还。"

邮递员把一个鼓鼓囊囊的包裹递给了他。巴尔扎克立刻就伤心到了极点。他知道这毫无疑问又是退稿,那鼓鼓囊囊的包裹,正是

他邮寄走的小说。

邮递员出了门,他立刻愤怒地跳了起来,他决定把包裹投向火炉付之一炬,决定放弃这没有什么希望的文学梦想。

他的妻子立刻冲向火炉,把正要燃烧的稿子抢了出来。她把稿子紧紧地抱在怀里,恳求地望着巴尔扎克说:"亲爱的,我敢肯定这是一部好小说,一定会被赏识的,再找一家试一次,最后一次!""这样的话我已经听了十几次了!我再也不能忍受这些老爷的傲慢,我不写了!"巴尔扎克情绪激动地怒吼。

在妻子的鼓励下,巴尔扎克把稿子再次邮寄出去。他想,如果再遭遇退稿,他无论如何也不会再听妻子的劝告,再也不从事文学创作了。

一周以后,就在巴尔扎克已经心灰意冷,不抱什么奢望的时候,他的家里来了两位尊贵的客人,一位是出版社的编辑,另一位是出版社的社长。他们看好《朱安党人》这部小说,还看好巴尔扎克不凡的写作才能。他们要立即出版《朱安党人》,还要与巴尔扎克签订终身出版合同,要出版巴尔扎克以后的全部著作!

巴尔扎克完成的长篇小说《朱安党人》,这部取材于现实生活的作品一经出版,就为他带来了巨大声誉,也为法国批判现实主义文学奠下了第一块基石。巴尔扎克将《朱安党人》和计划要写的一百多部小说总命名为《人间喜剧》,并为之写了《前言》,阐述了他的现实主义创作方法和基本原则,从理论上为法国批判现实主义文学奠定了基础。

巴尔扎克以自己的创作在世界文学史上树立起不朽的丰碑。谁能够想到，如果没有最后一试，一个世界文学史上最伟大的作家就会与世界擦肩而过！

在生活中，有许多人都会像巴尔扎克一样，经历了很多次失败后而心灰意冷。但如果像巴尔扎克的妻子那样，进行了最后一次的尝试，会不会又会有许多人从此走向了成功呢？要知道：一直在温室中成长的我们，的确可以成长；但是在寒冷、霜雪中成长的我们，则会变得更加成熟。

请记住：温暖的阳光让果实成长，寒冷的霜雪则使果实成熟。当在逆境中挣扎时，我们千万不要轻易放弃，要学会坚持下去。再多坚持一分钟，也许就能获得成功！

梦想的世界,没有借口

在这世上,不管是伟大的人,还是平凡的人,都有属于自己的梦想。伟大的人心中的梦想一定也是伟大的,而平凡人的梦想却不一定都是平凡的。但为什么很多有着伟大目标的平凡人却最终没有实现自己的理想?因为他们在人生道路上依赖了借口,要么放弃了努力,要么就是没有找到通往成功的正确道路。

要想成为一个伟大的人,首先就要有一个伟大的梦想,因为只有心中有梦,才会有前进的动力。那些最终没有实现梦想的人,都是因为他们总爱为自己找借口,最后才成了空中梦想家。

"做事不要找借口"是美国西点军校200年来奉行的最重要的行为准则,也是西点军校传授给每一位新生的第一理念。它强化的是每一位学员竭尽所能去完成任何一项任务,而不是为没有完成任务去寻找借口,哪怕是看似合理的借口。秉承这一理念,无数西点毕业生在人生的各个领域都取得了非凡的成就。西点军校为美国培养了3位总统、3800多位将军以及2000多位世界500强企业高管。

第二章
梦想，人性的内在生命力

在西点军校，学员必须无条件绝对服从和执行学校的规章制度，绝不允许学员提出任何借口，也绝不允许"也许""大约""似乎""还过得去"的存在。比如说，学员进教室时间哪怕晚了1秒钟，也会受到记过处分。在西点的校史记录中就有多起因迟到而被开除的例子。西点69届毕业生、Sybase软件公司总裁马克霍夫曼说："对于西点的学员来说，上司布置的任何任务，无论多大困难，甚至牺牲自己的生命，他们的回答只有一个'是的，长官'。"做事全力以赴，不为自己找借口是西点军校每个学员成功的制胜宝典。

马云曾在"赢在中国"节目中说过："最不受高层欢迎的人就是那些喜欢发牢骚、找借口的人，这种光会耍嘴皮子的人不仅自身的工作效率低下，而且能大大降低团队效率。"那些喜欢发牢骚、找借口的人总是悄悄告诉自己因为某种原因不能做某事，自己做错事情都是外界原因所致。久而久之，他们就认为这些借口都是"合理的，理智的"。

不注重自身的修养而只关注外界因素，就是这些人走向失败的原因。成功者不善于也不屑于编制任何为自己开脱的借口，因为他们能对自己的所有决策和行动负责，也敢于承受自己行动的后果。西点军校的学员也未必具有超人的能力和天赋，但是他们会积极主动地去创造和抓住机遇，珍惜时间，抛弃所有牢骚和借口。

在生活中，那些已经习惯找借口的人，大都奉行"差不多"的原则。他们认为"差不多"就可以了，从不进一步考虑如何把事情做得尽善尽美。这个偷懒的做法实际上并不"经济划算"，因为如果把一件事情完成90%需要一个人付出一个月的时间，利用这一个月

的积累，很容易就把剩下的10%处理完毕了。如果留下10%不去处理，日后衍生出新的问题，就相当于要重新面对一个难题，从头做起，那说不定要付出几个月，甚至更多的时间和精力。

"差不多"是孕育借口的温床，这会让工作中遗留很多的隐患，而这些问题一旦暴露，"差不多"先生就会找出几十条借口来为自己辩解。把事情一步做到位，是最节省时间和精力的做法，它彻底地拆除了借口的温床。

有两个邻近的村庄，一个叫张家庄，一个叫李家庄，它们同时整修道路，要把村里的土路建成水泥路。张家庄很快就破土动工了，修得非常快，等修好后，李家庄才修了一半多一点。张家庄的人很好奇，问："你们怎么修得这么慢呢？"李家庄的人说："我们也马上就可以修好了，但是我们在修理前把污水管道、自来水管和电线的线路又重新检查了一遍，所以慢了一些。"张家庄的人很不理解："为什么要这么啰嗦呢？不就是修一条路吗，你们真是费力不讨好。"李家庄的人并没做过多的解释，没过几天，李家庄的路也修好了。

不久，两个村子都要装路灯，需要在地下铺电缆，这下可难坏了张家庄的人，他们不得不把刚刚修好的路再次挖开，以便铺埋线路。李家庄因为一开始就考虑到了线路的问题，早就铺好了电缆，所以也就不需要再做任何工作了。

事实上，最基础的也是最难的。就像房屋的地基，房子能建多高，都取决于地基的深度。基础的学习和积累是最乏味和辛苦的，它需要人们投入更多的耐心和努力。给自己找借口的人总以为凭借小聪明就可以不用下苦功，最后只能是聪明反被聪明误：当梦想的大厦几乎完工的时候,却因为地基深度不够而轰然倒塌。

施瓦辛格说,实现梦想的要素就是"勤奋,再勤奋,还有不断的自我要求和积极的思维方式"。这三个要素恰恰是借口从我们的生活中带走的宝贵财富:借口让人懒惰,让人放松自我要求,并变得消极、封闭……借口多了,就永远踏不进梦想的世界。

为了不再让梦想如天际的繁星,遥不可及,我们必须从借口编制的梦境中醒来,把眼前的事情逐一做好,只有走好了脚下的路,才能找到通往更远地方的途径。放弃那些让人懒惰和消极的惩罚,为自己定下切实可行的目标和计划,并且每天都积极地去实现它。

如果我们希望能够改变现状,不让自己心中的梦想落空,那么从现在开始,就踏踏实实地走好每一步吧,抛弃所谓的借口,不好高骛远,也不自我否定,保持积极的心态、勤奋的态度,不断提出新的自我要求。只有这样,我们才能实现心中伟大的梦想。

捕捉机遇，成就梦想

在人生路途上，每个人都希望成功，但是怎样才可以成功？人们都说想成功必定要具备智慧、勤奋、机遇。机遇是不可缺少的。有的人非常聪明，有的人很勤奋，可他们总是无法成功，就是因为缺少了机遇。

机遇对每个人都是平等的。但是想要利用机遇，你就必须发现它，甚至抓住它。一个人想成功必须要善用机遇。人们常说，"天才是1%的灵感加上99%的汗水"。1%的灵感更重要一些，你抓住了就成功了，没抓住就失败了。

闻名世界的"麦当劳"快餐的创始人雷·克罗克，就是一个特别善于寻找机遇的人。他从一份来自一家汉堡包快餐店的订单中，找到了发财的机会，从而改变了他的命运，同时也掀起了一场全球范围内的餐桌上的革命。

在这份有些意外的订单上写着要求订购14台制奶机，无比惊喜的雷·克罗克觉得对于这样大的一批订货，他应该和客户见上一

第二章
梦想，人性的内在生命力

面，而见面的结果不仅使美国兴起了一个新兴的快餐业，也改变了雷·克罗克后半生的命运——他没有想到自己未来的生活从此和"麦当劳"的快餐业紧密地联系在了一起。

雷·克罗克见到的客户不是别人，正是加利福尼亚州圣贝纳迪诺市的麦当劳兄弟，他们经营着"麦当劳"快餐馆。那时的"麦当劳"快餐馆规模不像今天这样庞大，经营的品种也很单一，主要是炸薯条和汉堡包。

雷·克罗克抱着好奇的心理品尝了这种食品，立即就被深深地迷住了。吸引他的不仅是食品的美味可口，更主要的是麦当劳兄弟独特的经营方式。他们创造了流水线生产汉堡包和搭售炸薯条的营销方式。在制作和销售过程中，不仅采用标准化牛肉小馅饼、标准化配菜系列，还采用红外线灯照射以保持炸薯条的清脆可口。

这种分量足、口感好，又方便快捷的食品很受当地居民，尤其是青少年的喜欢。此外，雷·克罗克还注意到，麦当劳兄弟在餐馆前竖起巨大的拱形"M"招牌，以招徕顾客，而在加利福尼亚州的另外9家餐馆也使用"麦当劳"店名，并且已经有了联合销售、联合经营的发展趋向。但是，雷·克罗克经过周密考察，发现麦当劳兄弟的经营思路并不是完美的，他们也有致命的弱点，那就是思想比较保守落后，而且过于满足现状。另外，他们也不愿过于奔波劳累去进一步开发拓展业务和发展分店。

所有这些，都给雷·克罗克留下了难以磨灭的印象。多年的推销员生活和对饮食业发展趋势了解的经验告诉雷·克罗克，麦当劳兄弟的创造发明非常重要，但也有很多需要改进的地方。因此，他

并不急于签订出卖制奶机的合同,而是留在加州连续考察了一周。在这珍贵的7天里,雷·克罗克马不停蹄地四处打听,仔细地观察,结果又有了新的发现。他敏锐地意识到,自己人生的转折时机就要来临了。

他出资340万美元,买下了麦当劳兄弟的全部资产和经营权,在美国经商史上,开始了一个新的奇迹。后来他曾解释说:"当我遇到麦当劳兄弟时,已有多年准备了。以我多年在食品、饮料业中推销的经验,我有足够的能力去判断机会是否真正来临。"

机遇是成功的前奏,一份机缘可以改变一个人的一生,就像一份意外的订单重新设定了雷·克罗克的人生轨迹一样。在迈向成功的道路上,机遇永远与无止境的奋斗结伴而行。雷·克罗克不失时机地抓住机遇,成功也就成了他最终的归宿,由他创建的每一家"麦当劳"分店都在诉说着这一永恒不破的哲理。当机遇到来,你能够抓住它,就好像在大街上你远远地发现了熟人,一下子就认出了他。

很多年以前,艾德温·巴纳斯在美国新泽西州从货舱走下火车,看起来真的像一个流浪汉。但他有一个信念,那就是成为爱迪生这位伟大发明家的事业合伙人。

巴纳斯虽然很快在爱迪生的公司里找到了一份工作,但是收入很少。他一直等待着机遇的出现。那时候,爱迪生刚把一种新型的事务处理机器改良完成,并且命名为爱迪生听写机。但是,公司的业务员对这项新产品并不热衷,认为推销它要花很大的精力。

巴纳斯挺身而出,接受了推销机器的任务,最后他真的把机器

第二章
梦想,人性的内在生命力

推销出去了。爱迪生跟他签了约,由他一手主掌全国的营销配送事宜,巴纳斯一举致富。

巴纳斯的愿望实现了,他凭借机遇和自身的实力完成了一个致富的神话。

爱迪生后来回忆说:"他就站在我面前,看起来和街头的流浪汉没什么两样。但是他脸上的表情别有意味,令我印象非常深刻。他不达目的决不罢休。以我多年和人交往的经验,我知道,当一个人真正深切渴望某个东西的时候,他会孤注一掷,而且势在必得。我把他想要的机会给了他,因为我看出,他已打定主意要坚持到底,后来的事实证明我并没有错。"

许多人说,为什么机遇都给别人碰上了,我却没有碰上?其实,机遇不是随便碰的,而是要主动去寻找和发现的。一次难得的机遇,可能同时出现在几百人的面前,许多人却视而不见,或者,有些人发现了,但没有足够的能力和经验去利用它。

因此,任何人都没有权利抱怨缺乏机遇。始终找不到机遇的只有一种人,即那些根本不打算利用机遇的人。

牵手激情，实现梦想

我们有足够的理由说明，一个人如果缺乏热情，就不可能成就大事。每个人都会面临许多人生挑战，有人把挑战视为难题，也有人把它视为契机。弃械投降的人与更上一层楼的人，最大的分歧就在这里。我们必须了解一个人在发展的过程中，障碍究竟能扮演什么样的角色。挑战可以促使一个人发挥潜能，若欠缺激情，这个人便不可能越过障碍。所以，成功的人都肯定激情的价值，也都了解激情的力量，并设法发挥这种力量。

成功的人不只在理智上有所坚持，而且投入了大量激情。事实上，假如要持续不断地超越障碍、克服困难，确有必要这么做，因为我们必须要有强烈的内在驱动力和深度的执着，否则很难在追逐梦想的征途上长久坚持下去。

王强和孙立是大学同学，也是很好的朋友，毕业之后，他们到同一家公司面试，都被合格录取。

刚开始，两个人都充满激情，十分积极地投入工作中去，可是

第二章
梦想，人性的内在生命力

时间一长，两个人的态度就变得不一样了。由于是新进员工，很多东西都不了解，需要学习的东西也有很多，所以总是需要加班。

对于加班，王强没什么怨言，觉得自己正好可以利用加班的时间多学一些东西，而孙立觉得平时上班都那么累了，还要加班，耽误个人休息时间不说，弄得人白天也没有良好的精神状态。

过了一段日子，王强会的东西越来越多，他的工作也变得越来越顺手，同事都夸赞他进步飞快，得到同事认可的他工作起来变得更有激情了，总是以饱满的精神状态处理各种事务。而孙立的能力不但没有长进不说，他愈加觉得工作无聊、乏味，最初的激情早就消耗殆尽了。

一年之后，王强升了职，而孙立觉得自己在这里无用武之地，便选择离开了。

在生活中，很多人都是如此。一个人不可以怪罪走向梦想的路途太艰难，因为再艰难的梦想，都有许多人因为坚持取得成功。问题并不出在梦想上，而是出在我们自身上。如果我们能改变自身的态度，怀揣激情，就能激发内心最强大的一股力量，克服很多无法想象的困难。

所以，由于强烈的执着而产生的内在热情，是一股兼具"促成"与"解放"作用的力量，也是一股能够产生丰硕成果的力量。

"10分钱连锁商店"的创办人查尔斯·华尔渥兹说过："只有对工作毫无热忱的人才会到处碰壁。"美国钢铁公司第一任总裁查尔斯·史考伯则说："对任何事都热忱的人，做任何事都可能会成功。"激情的能量是巨大的，它能使我们的决心更坚定，使我们的意志更

坚定，它给思想以力量，促使我们立刻行动直到把可能变成现实。因此，储蓄好你的激情，做事才能事半功倍。

王石33岁的时候只身从广州来到了深圳。这个和其他人一样，带着淘金的梦想来到这片热土的年轻人，怀揣的只有简单的行囊和满腔的激情，连他自己也没有想过，在奋斗二十几年后，他会跻身于国内地产大亨之列。这个当过兵、做过工人，还在政府机关当过三年公务员的人物，收购过玉米，做过放像机生意，还带领着万科打赢了"君万之争""万佳之变"等一系列商战。如今，这个从深圳发展起来的地产公司，已经成为中国地产领跑者和中国房地产第一品牌。万科公司2004年实现了营业收入76.67亿元，净利润更达到8.78亿元，实现了62%的增长率。但王石却并没有显出满足："如果用珠峰来比喻做企业，8844.43米的高度，万科充其量还在6500米的高度点，这个6500米之处只是攀登珠峰的前进营地。"他还开始了新一轮的自我挑战，2003年，他成功攀登了世界最高峰珠峰；2004年，他又完成了世界七大洲最高峰的攀登。

王石说："登山是人生的浓缩，我要继续攀登的，就是每个人心中的那座峰。"这种姿态，似乎贯穿着王石的工作和生活，无论作为企业家还是探险家。

我们每个人都有自己想要到达的山峰，这些山峰形形色色，如何到达这些山峰的顶端呢？一步步攀登！但是，关键的一点是，我们可以考虑把自己的工作和生活目标提高一下，这样我们攀登的速度会大大提高。

例如一项工作，我们觉得自己最快在3个小时内完成。那么，

第二章
梦想，人性的内在生命力

我们要求自己改为 2 个小时，在这样一个新的高度下，集中精力释放自我潜力。若我们在 2 个小时内完成了工作，我们会为此感到振奋。如果我们经常树立新高度并且超越原来的界限，目的在于，当我们的自信心达到一定的高度时，根本不需要想任何界限，而是自动而高效地实现自己的长远目标，那么成功的概率将迅速增大。

　　成大事者，他全身的每个细胞都蕴含着激情，激情创造着热忱，热忱激发着信心，信心产生着动力，动力发挥着潜能，潜能造就着成功。激情让我们点燃心灵之火，激情让我们拥有朝气蓬勃的生命。如果没有心灵之火，没有生活激情，没有工作激情，没有家庭激情，没有开创未来的激情，怎么能期望别人对我们的生活、工作、家庭和未来充满激情！那么，请牵手激情吧，相信你一定会实现梦想！

勤奋,成就梦想

中国有句俗话,叫作"一勤天下无难事"。唐朝文学大家韩愈就曾说过:"业精于勤,荒于嬉。"也就是说,学业方面的精深造诣来源于勤奋好学。唯有勤奋者,才能在无边的知识海洋里猎取到真知实才,才能不断地开拓知识领域,获得知识的报酬,才能成就自己的梦想。

无数事实证明:事业上取得辉煌成就的人,并不一定是天资最佳的人,而是肯下苦功夫的人。古今中外的成功人士中,有哪位不是靠勤奋走向成功的?一勤天下无难事。培养一个勤奋的好习惯,其实就是在为自己打造人生中的不动产。并且,这种好习惯在生活中越坚持越有益,这种无形的财产和力量最终将会成为我们一生受用的法宝。要知道,通过自己辛勤劳动获得的面包,吃起来比别人送给的更加香甜。

在很久以前,泰国有个叫奈哈松的人。他一心想成为大富翁,觉得要成为富翁,最便捷的方法是学习炼金之术。

第二章
梦想,人性的内在生命力

此后,他把全部的时间、精力、金钱投入炼金术的试验中了。没过多久,他便耗尽了所有积蓄,家中变得一贫如洗,连饭都没得吃了。妻子无奈,便跑到父亲那里诉苦,父亲决定帮女婿改掉恶习。

他让奈哈松前来相见,并对他说:"我已经掌握了炼金之术,只是现在还缺少一样炼金的东西……"

"快告诉我究竟缺什么?"奈哈松急切地问道。

"那好吧,我让你知道这个秘密,还需要3公斤香蕉叶下的白色绒毛。这些绒毛必须是你自己种的香蕉树上的。等到收齐绒毛后,我便告诉你炼金的方法。"

奈哈松回家后,立刻在已荒废多年的田地里种上了香蕉。为了尽快凑齐绒毛,他除了种好以前自家荒芜的田地外,还开垦了大量的荒地。当香蕉长熟后,他便小心地从每张香蕉叶下收刮白绒毛,而他的妻子、儿女则抬着一筐筐香蕉到市场上去卖。就这样,十年过去了,奈哈松终于收集够了3公斤白绒毛。这天,他一脸兴奋地拿着绒毛来到岳父家里,向岳父讨要炼金之术。

岳父指着院里的一间房子说:"现在,你把那边的房门打开看看。"

奈哈松打开了那扇门,立刻看到满屋金光,竟全是黄金。他的妻子、儿女都站在屋中,妻子告诉他,这些金子是他这十年来所种的香蕉换来的。

面对满屋实实在在的黄金,奈哈松恍然大悟。

所以说,勤奋是成功的必经之路和走向成功的必经之门。没有勤奋的汗水,就没有成功的喜悦与幸福,真正的幸福绝不会光顾那些精神麻木、四肢不勤的人们，幸福只在辛勤的劳动和晶莹的汗水中。

世界著名的科学家爱因斯坦曾经说过："在天才和勤奋之间，我毫不迟疑地选择勤奋，它几乎是世界上一切成就的催生婆。"已故前北京大学副校长季羡林先生曾为成功列过一个公式：天资＋勤奋＋机遇＝成功。他进一步分析说，天资是由天决定的，我们无能为力，机遇是不期而来的，我们也难以把握，只有勤奋这一项完全是由我们自己决定的，我们必须在这一项上狠下功夫。总而言之，勤奋是实现理想的奠基石，是补拙益智的催化剂，是通向成功彼岸的桥梁，是成就梦想的通道。

穷人的孩子早当家。小王冕七八岁的时候，就已经开始帮家里做事了。父母安排他每天牵着牛出门去放牧。

有一天，小王冕跟往日一样出门去放牛。可是一直等到太阳落山，妈妈做的饭菜都凉了，也没见王冕回家。又过了一会儿，牛独自从外面回来了，自个儿在院子里转了一圈，然后慢悠悠地钻进了牛圈，但放牛的王冕却没有一起回来。

父母非常担心，想出去寻找。就在这时，王冕气喘吁吁地从外面跑了回来，他先到牛圈一看，发现牛已经回来了，这才松了一口气。父亲把他叫到面前，询问他回来晚的原因，王冕低下头，内疚地解释说："是我听书忘记时间了。"

原来，王冕放牛路过村里的学堂时，听见从里面传出朗朗的读书声，一下子就被吸引住了，特别羡慕。他把牛拴在野地里让它吃草，自己则悄悄地溜进学堂，听学生们读书，听一句，记一句，非

第二章
梦想,人性的内在生命力

常入迷,不知不觉,太阳已经下山了。

当他跑到草地去找牛,发现牛已挣断绳子,不知跑到什么地方去了。幸亏路走熟了,牛自己回到圈里了。虽然牛安全地回家了,可王冕挨一顿打是免不了的。

父亲把他狠打了一顿,教训他以后不许在放牛时去听书。然而这一顿棍子,并没有把他的求知欲打掉。两天之后,同样的事情再次发生了。当父亲又要拿棍子打他时,母亲便劝解道:"孩子这样痴心,打也不会有什么用的,干脆这牛别让他放了。"从那以后,父亲再不让他去放牛了。

当时,正好村旁山上的佛庙要雇人做些粗活,于是王冕便到庙里住了下来。白天做一些杂事,换两顿饭吃,到了晚上他就睡在佛殿内,借助桌案上摆放的长明灯的微弱光线,聚精会神地看书,每晚都看到大半夜才睡觉。

由于王冕的刻苦好学,当地一个名叫韩性的学者收了他做徒弟。有了这样好的条件,王冕倍加珍惜,每天都很努力地学习。为了让自己掌握更多的技能,他还迷上了写诗作画。经过勤学苦练,他终于在诗画方面取得了突出成就。

一位学者指出:"勤,劳也。无论劳心劳力,竭尽所能勤勉从事,就叫作勤。各行各业,凡是勤奋不息者必定有所成就,出人头地。"一个人只有不断地勤奋努力,才能找到自我发展的空间;一个人只有不断地完善提高自己,才能将所有的才能表现出来,赶上时代的步伐。

爱迪生说:"有人以为我所以在许多事情上有成就,是因为我有

什么'天才',这是不正确的。无论哪个头脑清楚的人,都能像我一样有成就,如果他肯拼命钻研。'天才',就是1%的灵感加上99%的汗水。"所以,从现在开始,让我们勤奋起来,为成就自己的梦想而奋斗吧!

第三章

人生的智慧常蕴含于苦难之中

在人生奋斗的过程中，总会有诸多的不如意，我们也不知道，自己会在哪一天遭受厄运，或者碰到前所未有的打击，但只要我们不放弃希望，勇敢面对眼前的一切，那么我们的未来一定会品尝到幸福的甘果。

不经历风雨，就见不到彩虹

从古到今，凡成事者，莫不受尽磨难，在磨难中完成自我教育，水到渠成成就了事业。许多人一经历挫折，就悲观失望，并马上与失败联系在一起。其实挫折并不等于失败。只要我们不放弃，经受住磨难，就有可能走向成功。

李时珍花费了31年的时间，游历各方，甚至亲自品尝药品了解药性，终于完成了中国古代医学上的一颗璀璨的明珠——《本草纲目》；美国著名的女作家海伦·凯勒幼时患病，双耳失聪，双目失明，但她自强不息，顽强努力，终于成为著名作家；司马迁入狱之后，发奋撰写《史记》，终于完成了这部光辉的著作；贝多芬面临双耳失聪的困难，继续作曲，成为一名享誉世界的音乐家……

人生经历些磨难，其实并不是坏事。"铁棒磨成针"靠的就是磨，只有经历了各种磨难，才能成大器。

有一天，一个农夫找到上帝，对他说："我的神啊，也许是你创造了世界，但是你毕竟不是农夫，我得教你点儿东西。"

第三章
人生的智慧常蕴含于苦难之中

上帝借着胡子的遮掩,偷偷笑了,对他说:"那你就告诉我吧。"

"给我一年时间。在这一年里,按照我所说的去做。我会让你看见,世界上再不会有贫穷和饥饿。"

在这一年里,上帝满足了农夫所有的要求。没有狂风暴雨,没有电闪雷鸣,没有任何对庄稼有危险的自然灾害发生。

当农夫觉得该出太阳了,就会阳光普照;要是觉得该下点儿雨了,就会有雨滴落下,而且想让雨停雨就停。

环境真是太好了,小麦的长势特别喜人。

一年的时间到了。农夫看到麦子长得那么好,就又到上帝那儿去了,对上帝说:"你瞧,要是再这么过十年,就会有足够的粮食来养活所有的人。人们就算不干活也不会饿死了。"

然而,等人们收割的时候,却发现麦穗里什么都没有,空空如也。这些长得那么好的麦子,竟然什么都没结出来。

农夫惊讶极了,又跑到上帝那儿去了:"上帝呀,这究竟是怎么回事呀?"

上帝说:"那是因为小麦都过得太舒服了,没有任何打击是不行的。这一年里,它们没经过风吹雨打,也没受到过烈日煎熬。你帮它们避免了一切可能伤害它们的东西。没错,它们长得又高又好,但是你也看见了,麦穗里什么都结不出来。还是时不时需要些挫折的,我的孩子。"

就像白昼之间总有黑夜,风雨雷电都是必需的,正是这些锻炼了小麦。人生也是如此,不经历风雨就见不到彩虹,不经历失败就看不到成功。如果我们现在所做的事情,值得我们付出代价,那么我们就要斗志昂扬地去做。面对挫折与磨难的时候，不要气馁，要试着把不利条件转变为有利条件。

如果生命中没有障碍，不经历挫折和磨难，我们就会很脆弱，就不可能拥有强健的体魄和坚强的意志，不愿接受磨难的人将无法成为人生的成功者。

司马迁自幼受其父影响，诵读古文，熟读经书，二十岁就周游全国，考察名胜古迹、山川物产、风土人情，访求前人轶事掌故。司马迁又继任太史令，得以博览朝廷藏书、档案典籍。太初元年，司马迁根据父亲遗志，着手编撰一部规模宏大的史书。

正当司马迁努力写作之际，不幸的事情发生了。天汉二年，名将李广之孙李陵率5000士兵出击匈奴。开始时捷报频传，满朝文武都向汉武帝祝贺。但几天以后，李陵被匈奴围困，寡不敌众，在士卒伤亡殆尽的情况下，被匈奴俘虏。前几天还在称颂李陵的文武大臣反过来怪罪李陵。司马迁替李陵辩护，触怒了汉武帝，被打入天牢。按照西汉的法律，大夫犯罪，可以用钱赎身，但司马迁家里贫穷，一时间拿不出那么多赎金。往日亲近的人，谁也不敢替他说情或帮忙，最后，司马迁受到了宫刑。

出狱之后，司马迁担任中书令。这种职务历来都是由宦官担任的，对士大夫来说是一种耻辱。司马迁的朋友任安在狱中给他写信，表示对他的行为深感不解。司马迁回信说："我并不怕死，每个人都有一死，或重于泰山，或轻于鸿毛。如果我现在死了，无异于死了一只蝼蚁。我之所以忍辱苟活，是因为撰写史书的夙愿还没有实现啊！从前，周文王被困于羑里才推演出《周易》；孔子被困于陈蔡才

第三章
人生的智慧常蕴含于苦难之中

写出《春秋》;屈原被放逐于江南才写下《离骚》;左丘明失明之后才完成《左传》;孙膑被削掉膝盖骨才编著《兵法》;吕不韦被贬于蜀地才写出《吕氏春秋》;韩非被拘禁于秦才写出《说难》《孤愤》啊!我要效法这些仁人志士,完成我的书啊!到那时,就可以抵偿我的屈辱,即使碎尸万段我也没有什么悔恨了!"经过20年的磨砺,司马迁终于完成了名垂千古的《史记》。

其实,生活就像一面镜子,如果我们用苦脸迎接命运的挑战,那么我们看到的必然是苦的"镜像";相反,我们若是能笑脸面对,生活也必然会向我们绽开笑颜。命运永远不可能让坚韧忍耐的人臣服,自助者天助之。

一个人的意志是在磨难中体现的,如果没有那凶猛的风雨,怎会有美丽而招人喜爱的彩虹?有磨难才有成功,有你为此流下的汗水,才能种出叫作"成功"的花来。而面对磨难是否能守住好心态,是一个人走出磨难的关键。

黑夜过去，便是黎明

人的一生难免会碰到一些不顺心的事，比如能力得不到施展、婚姻生活不顺利等问题，这种人生逆境很容易使人产生焦躁心理，而这种心理会使人失去理智、烦躁不安。

每个人对生活都有许多美好的期盼和向往，为了实现这些美好的愿望，我们会为此做出各种各样的努力，在努力中会避免不了受到多种阻碍及压力，这便是挫折。如果挫折持续时间较长，影响范围大，就会产生一种深深的挫折感。这时如果不进行及时释放，所造成的伤害是很难平复的。人就像饺子，一定要捏一下、挤一下，再放到滚水里煮一下才能成熟。的确，每一个挫折都是我们人生道路上的一个据点，只要我们用力拔掉它，就向成功走近了一步。

其实，任何挫折都是超越自我的契机。每个人都会面临各自的困境，成功者会把它当作一次磨炼自己、警醒自己的机会；而失败者只要遇到一些不顺的事，就会习惯性地抱怨老天亏待他，进而祈求老天赐给他更多的力量，帮助其渡过难关。

第三章
人生的智慧常蕴含于苦难之中

理查·丹尼士中学毕业后,找到了一份工作,在期货交易所担任"跑腿",传递买卖单据。因经验非常有限,每周工资40美元,他都会在一小时内输得一干二净。不过丹尼士心里想:无论事情如何,我已经得到了第一次炒卖期货学习的机会。

尽管入行初期经常赔钱,但这段经历对丹尼士来说是千金难得的经验,他始终没有放弃。

后来,丹尼士由400美元起家,炒卖成功,个人资产最高峰时已经达到2亿美元。丹尼士总是想,如果没有初入行时的那些失败和挫折,也就不会有后来的成功。

俗话说:"胜败乃兵家常事。"黑夜过去是黎明,有太阳总有晨曦显露的时候,把失败和挫折看成是成功和胜利的前奏曲,就能在跌倒之后爬起来,满怀信心地继续前进。然而,不少人一遇到失败或挫折就垂头丧气,心灰意懒,从此一蹶不振,少数人甚至走上了绝路。

我们知道,种子深埋在泥土之中,泥土既是它发芽的障碍,更是它生长的基础和源泉。瀑布迈着勇敢的步伐,在悬崖峭壁前毫不退缩,因山崖的碰撞造就了生命的壮观。挫折是成功的前奏曲,同样挫折也孕育着成功。

不管我们是否害怕困境,总要承认一个现实:生活中的困境是无法避免的。处在人生低谷时期,我们要承受来自各方面的压力,生活、精神甚至人格尊严,但是困境并不等于绝境,因为解决任何问题的方法都不可能只有一种。

正所谓条条大路通罗马,最重要的是面对困境有没有足够的信

心,有没有接受现实的勇气,能否在困境中找到出路。以乐观的态度来看,困境也是一种激励和机遇,抓住了机遇,就是成功的开始。很多时候,转机就潜藏在困境之中。面对困境,我们应该学会放下一切得失,勇往直前奔向理想,不断地追寻信心、希望和勇气,它们是能够帮助你逃离命运"枯井"的助推剂。

吉尔·金蒙特是全美最有名气的滑雪运动员,在18岁时就已经很出名了,她的奋斗目标是获得奥运金牌。然而,一场悲剧使她美好的愿望变成了泡影。1955年1月,在奥运会预选赛最后一轮比赛中,金蒙特不幸出了意外,永久性瘫痪了。

对金蒙特来说,这无疑是一个致命的打击,她的奥运金牌梦也彻底破灭了。但是,面对困厄,她的斗志并没有被磨灭。几年内,她整天和医院、手术室、理疗室、轮椅打交道,病情时好时坏,但她从来都没有放弃过对生活的追求,开始从事有益于公众的事业,完成自己那未遂的梦想。

接下来的日子,她不断地克服困难,学会了写字、打字、操纵轮椅、用特制汤匙进食,同时还在加州大学洛杉矶分校选听了几门课程,希望日后能成为一名教师。当她向教育学院提出申请,遭到了系主任、学校顾问和保健医生的质疑,因为金蒙特根本无法上下楼梯走到教室。然而,金蒙特却并没有因此而放弃。终于,1963年,华盛顿大学教育学院聘用了她。因为她教学有方,很快受到学生们的尊敬和爱戴。

后来,由于父亲的去世,金蒙特一家不得已搬到加利福尼亚州。金蒙特决定向洛杉矶地区的90个教学区逐一申请,当她申请到第18

第三章
人生的智慧常蕴含于苦难之中

所学校时,已经有3所学校表示愿意聘用她。为了方便她的轮椅通行,学校特意对其要经过的一些坡道进行了改造,并破除了教师必须要站着授课的规定。

金蒙特一直没有放弃她的理想,很多年过去了,尽管她从未得到奥运金牌,但却得到了另一块"金牌",那就是为了表彰她的教学成绩而授予的奖章。

在生命的旅程中,没有预定的轨迹,不管是处于高峰还是低谷,坚定的信念永远都是巨大的动力,它可以推动你去做别人认为不可能做到的事,让你在困难重重的道路上取得成功。这个世界上,什么路都可以选择,唯独不能选择放弃这条路。

生活中没有绝境,所谓的绝境只是因为你不敢面对。一颗放弃的心,就好比一个没有窗户的房间,会永远处在黑暗之中。其实,那些黑暗也不过是一层纸,一捅就破,外面仍是一片光辉灿烂的天空,关键在于你是否愿意捅开。

罗曼·罗兰曾说:"不幸不会长续不断,你要耐心忍受,或是鼓起勇气把它驱走。"当我们在生活中陷入困境时,要么在实际生活中冲出困境,对于可以挽回的事情极力排除困难,明智地改变它、解决它;要么就是从思想上冲出困境,对于无法挽回的事情睿智地面对它、接受它。总之,人生的低谷并不可怕,可怕的是我们沉溺其中,不知道如何自拔。只要懂得了如何走出人生低谷,就能够顶住心理压力,迎接更加美好的明天。

失败是成功之母

人生旅途中，遭遇失败是正常的，重要的是面对失败的态度是什么，能否反败为胜。如果因为一时的失败便一蹶不振，不是失败打垮了你，而是那颗失败的心把自己打倒了。

"失败是成功之母"，这句话我们并不感到陌生。所有渴望成功的人，都必须做好随时迎接失败的准备。不付出代价的成功是不可能存在的，要想有所结果，就必须要有坦然面对失败的勇气。失败对于一个人来说，是一笔非常重要的财富，如何珍惜这种失败的财富，将成为决定自己未来的先决条件。

失败是金钱和时间的试验剂，如果不能充分利用这个试验剂的话，那么你就无法变为成功者。无论什么样的失败，只要你跌倒后又能马上爬起来，跌倒的教训就会成为有益的经验，有助于你取得未来的成功。

所以说，不愿意面对失败与不愿意承认失败同样不可取。人生最大的失败，就是永不失败和永不敢败。

第三章
人生的智慧常蕴含于苦难之中

如果哪一天有机会走进长青文化公司李宇晨的办公室,你可能马上就会觉得自己有种"高高在上"的感觉。这是为什么呢?因为他办公室内各种豪华的摆饰、考究的地毯、忙进忙出的人潮,以及知名的顾客名单就是最好的证明。它们都在告诉你,他的公司是很成功的。

然而,这些成功的背后却藏着无数的辛酸血泪。李宇晨回忆说:"我创业的时候头六个月就把自己十年的积蓄用得一干二净,并且一连几个月都以办公室为家,因为我付不起房租。其实再夸张一点地说,我当时的窘境已经到了没有明天饭钱的地步,但我仍然没有放弃理想。我曾婉拒过无数的好工作,无数好的兼职。为了我的理想,我找了好多投资者,好多朋友,但我都被一一地拒绝了。整整3年的时间,我都在艰苦挣扎中,但我从来也没有一句怨言,不是我不想说,而是我不敢说,害怕我一说出来,我就会不进则退,害怕我一说出来,我就会以此为借口放弃我的理想。所以我一直在说:并不是我不想成功,只是我还一直在学习的阶段。这是一种无形的、捉摸不定的生意,竞争很激烈,实在不好做。但不管怎样,我还是要继续学下去。也许正是因为这句话,我坚持了下来,最终我实现了我的理想,我做到了,而且做得轰轰烈烈。

"无数次,我的朋友都在问我一个问题:创业的时候被那些失败的经历打击得不行了吧?对于这个问题,我只是微微一笑便带过了,但在我的心里却这样回答:没有啊!我并不觉得那算什么,反而觉得是受用无穷的经验。"

失败了就重新开始，没什么大不了！一个失败者不一定能转变成一个成功者，但一个成功者，一定曾经是一个失败者。爱迪生说："失败也是我们需要的，它和成功一样对我有价值。只有在我尝试了所有的错误方法以后，我才知道做好一件工作的正确方法是什么。"从某种意义上说，没有失败，就没有成功。有时成功就像诱人的金矿，而失败就像裹在金矿外面的一层层坚硬的岩石，每敲去一层岩石，就离金矿近一步。

据说，世界上著名的成功人士所做的事情中，成功与失败的比例是1∶10，也就是说，他们几乎要失败10次，才能换来1次成功。华盛顿打的败仗比他打的胜仗多得多，但他最终成功了。刘邦和项羽交战中，几乎是屡战屡败，最惨的时候，连老婆都当了项羽的俘虏。但是，刘邦输得起，屡败屡战，终于在垓下一战，用韩信的十面埋伏把项羽打败。

哲人说："失败的次数越多，离成功就越近。"在杰出的成功者眼里，失败有两重性，它既能给人带来损失和痛苦，也能给人带来激励、警觉、奋起和成熟。

一个人愈不把失败当作一回事，失败就愈不能把他怎么样，他就愈能成功。一个人如果愈害怕失败，失败就愈会缠住他，他就愈难摆脱失败。美国两位总统的竞选就是最好的说明。罗斯福不怕失败，他成功了；尼克松害怕失败，没有成功。

罗斯福在第一次竞选总统惨遭失败后，暂时退出政坛。不久，又因一场意外的遭遇而半身瘫痪。瘫痪后他相信自己还能成功，于是再次参加竞选，当了总统，入主白宫。一个瘸腿人每天坐着轮椅，昂着头，挺着胸，信心百倍地去上班。他在首次就职演说中提出的"无所畏惧"的战斗口号，鼓舞了千千万万的听众。他说："我们唯一值得恐惧的就是恐惧的本身。"他凭着永远不承认失败，永远不甘放弃的精神，把美利坚合众国引上了一条新的发展道路。他连任四届，成为美国最杰出的总统。

由于尼克松在第一任总统期间，政绩突出，所以大多数政治评论家都预测尼克松将以绝对优势再次获胜1972年的美国总统竞选。然而，尼克松本人却缺乏自信，走不出过去几次失败的心理阴影，极度担心再次出现失败。在这种不良心态的驱使下，他鬼使神差地干出了后悔终生的蠢事。他指派手下潜入竞选对手总部的水门饭店，在对手的办公室里安装了窃听器。事发之后，他又连连阻止调查，推卸责任。在这次选举中他虽然获胜，但不久因"水门事件"被迫辞职。本来稳操胜券的尼克松，因害怕失败而导致惨败。

永不言败和善于对失败进行总结是成功者的基本特征。如果没有失败，我们就什么也学不到。有远见的企业家在选拔人才时，不仅重视一个人过去的成功，同时还重视这个人失败的经历。哈佛商学院的约翰·考科教授说："我可以想象得出，20年前董事会在讨论一个高级职位的候选人时，有人会说：'这个人32岁时就遭受过极大的失败。'其他人会说：'是的，这不是好兆头。'但是今天，同一个董事会却说：'让人担心的是这个人还未曾经历过失败。'"

可见，失败并非是坏事，每一次失败，都孕育着成功的萌芽，都将使你更靠近成功。

成功既不像我们想象的那么艰难，失败也不像人们想象的那么可怕。它们有时就像矗立在滔滔水面上的一座独木桥，只要我们勇敢地走过去，等待我们的就是成功。

靠自己努力，踏平坎坷

每个人的一生都不可能一帆风顺。面对坎坷的命运，我们该如何做呢？有的人可能会不断尝试，力图扭转逆境，而有的人则会在遭受几次失败之后，就泄了气，从此退缩不前，甘心认命。他们不知道人在面对困难时应该给自己打气，也不懂得"锲而不舍，金石可镂"。他们只会在失败面前悲观泄气，然后感叹命运多舛，老天不公。殊不知，轻易泄气才是他们失败的最大原因，如果他们能不气馁，坚持到底，可能就是完全不一样的结果了。

一个意志坚强的人，无论面对顺境还是逆境，都能以永不止息的奋斗精神去面对。而这种永不止息的奋斗精神，又能激发出潜藏在人体中的蓬勃的活力和冲天的干劲。有了这种活力和干劲，不管干什么事情，人都能坚持不懈地走下去，直至成功。

2001年初，江西籍打工妹罗冬香成为浙江东阳市著名企业朝龙服饰有限公司生产技术厂长，在薪金方面，她是中国当时拿到最高年薪的打工妹。然而罗冬香的成功却是建立在厄运的基础上的。

1986年，在乡办造纸厂工作的罗冬香因为一场车祸，一条腿骨断成了三截！厄运并没有让罗冬香消沉下来，住院期间，一位朋友无意中给她捎去几本裁剪书，于是罗冬香开始学习裁剪。住院几个月，她足足剪掉了半人高的旧报纸。出院后，罗冬香又回到原来的单位上班，由于她的腿成了畸形，厂领导特地把她安置到磅房工作。活儿虽轻松，但收入却很低，很难维持生活。

这年冬天，一位湖北的裁缝来到仙源乡开办缝纫培训班。罗冬香闻讯后，就到朋友那儿凑了些钱，跟着一群小姐妹报了名。两个月的学习结束时，罗冬香连夜赶做了一件中山装，交给师傅检验。师傅看到衣服后说，这小姑娘将来肯定有出息。

1987年，罗冬香辞去了造纸厂的工作，开始自办裁缝店。几个月后，罗冬香已成为小街所有裁缝店里名声最响的师傅。

1992年，经受婚变打击的罗冬香带着一颗受伤的心来到了温州，不久被招聘到服装厂做车工。由于她的手艺高超，一段时间后，罗冬香被厂长提升为技术主管，全权打理工厂，月工资也从500元涨到800元。但好景不长，一年后，工厂由于经营不善关了门。

并不气馁的她，几个月后，应聘到温州华士服饰公司，开始了人生的又一次飞跃。

在华士工作几个星期后，她就被调到设计部工作。同部门有七八名设计人员，都是名牌大学的毕业生。她除了向老师傅虚心求教，还利用业余时间学习了大量的专业书籍，并参加了中国纺织大学的函授，硬是攻下了全部的课程。她所设计的欧式西服投放市场后，马上成为一种时尚。由于在几次重大的技术革新中，她提出的设计方案均被采纳,年底她受到了公司的嘉奖。

1995年10月,罗冬香辞职回家养病。一个月后,罗冬香再次回到温州。此时,恰逢一家名叫"名绅"的服饰企业在筹办,经朋友介绍,罗冬香加盟"名绅"。

"名绅"筹建之初,罗冬香成了主管,从车间设备安装到员工培训以及各项制度的完善,她都要一一去落实。罗冬香的工作赢得了老总的肯定,老总放心地把企业交给她去管理。一年后"名绅"西服就赢得了国家质量技术监督局一等品的殊荣,并被浙江省消费者协会授予"消费者质量信得过产品"。

2001年初,浙江东阳市的青年企业家斯朝龙听到罗冬香的传奇经历后,决定聘请罗冬香担任朝龙服饰有限公司的生产技术厂长。

在罗冬香身上,我们看到的是朝气,是活力,是永不止息的奋斗精神。这位普通的女工,不向坎坷的命运低头,在困难面前不气馁,终于凭借不懈努力,为自己赢得了美好的生活和锦绣的前程。

生活中,我们难免会遇到这样那样的挫折和痛苦,但只要永葆活力,以坚强自信的意志去面对,没有什么困难是战胜不了的。

下面我们再看这样一个故事。

在一次火灾中,一个小男孩被烧成重伤,经过医院全力抢救,虽脱离了生命危险,但下半身却没有任何知觉,这意味着他丧失了行动能力。医生悄悄地告诉他的妈妈,这孩子以后只能靠轮椅度日了。

一天,天气十分晴朗,妈妈推着他到院子里呼吸新鲜空气。然后妈妈有事离开了。一股强烈的冲动从他的心底涌起:我一定要站起来!他奋力推开轮椅,然后拖着无力的双腿,用双肘在草地上匍匐前进,一步一步地,他终于爬到了篱笆墙边;接着,他用尽全身力气努力地抓住篱笆墙站了起来,并且试着拉住篱笆墙行走。每走几步,汗水就会从额头上滚落而下,这时他会停下来喘口气,之后又继续咬紧牙拖着双腿再次出发,直到篱笆墙的尽头。

后来,他每天都这样抓紧篱笆墙练习走路。可日子一天天过去了,他的双腿始终软弱无力地垂着,仍没有任何知觉。他不甘心于轮椅上的生活,他握紧拳头告诉自己,未来的日子里,一定要靠自己的双腿来行走。

终于,在一个清晨,当他再次拖着无力的双腿紧紧抓着篱笆墙行走时,一阵钻心的疼痛从下身传了过来。那一刻,他惊呆了。他一遍又一遍地走着,忍受着钻心般的痛楚。

自那以后,他的身体恢复得很快,先是能够慢慢地站起来,扶着篱笆墙走上几步,渐渐地便可以独立行走了。有一天,他竟然在院子里跑了起来。自此,他的生活与一般的男孩子再无两样。读大学的时候,他还被选进了田径队。他就是葛林·康汉宁博士,他曾经跑出过全世界最好的成绩。

读了上面这则故事,让我们明白了当你想要什么并且坚持自己的理想,那么整个世界都将为你让路。在坎坷的人生中,人往往会对自己说放弃,从此一蹶不振,成为生活的失败者,痛苦不堪地度过一生。

事实上,每一个成功者都与他们拥有坚强的信念是分不开的。他们也许在其他方面有缺陷,也许有错误和缺点,也许有稀奇古怪

第三章
人生的智慧常蕴含于苦难之中

之处,但是,对于每一个追求成功的人来说,坚持不懈、持之以恒的精神是必需的。不管遇到多少困难,不管遇到多少挫折,不管遭到多少反对,都必须克服困难、一往无前地坚持下去。辛苦的工作不会使他厌烦,别人的阻碍不会使他气馁,失败不会让他感到厌倦。无论在他的身上发生了什么,他总是坚持不懈。

不气馁,能够让许多听起来不可思议的事情变成现实。精卫填海,愚公移山,大禹治水,咬定青山不放松,百折千磨志不改,不到长城非好汉……这些著名的典故和诗句,千百年来激励着无数的有志之士到达了成功的彼岸。

命运多舛,让那些不放弃的人变得更加坚强,激发他们更大的潜力,他们会因为命运多舛而变得更加强大,命运多舛带给他们的可能是一生珍贵的财富。其实,人生并没有绝对的绝境,很多时候都取决于自身的态度,当你真的把它当成无法跨越的坎时,那么你已经输了一大半;如果你选择勇敢面对,那么最终胜利的一定会是你。在永不气馁的强者眼里,平凡的小草也可以变成无边的春色,无名的小河也可以汇成江洋大海。因为在他们的心里总是洒满金色的阳光!

转个弯，希望就在不远处

面对困境，拘泥于日复一日的习惯或黯然地选择放弃失败而去，不如试着转个弯，尝试另外一条路，也许就会有别样的风景。

如果从树上爬下的第一只古猿还守着原来的旧习，栖居于树上，那直立行走的人类便不会存在了。正是因为他懂得了变通、改换，发现行走于地上也许更适合生存，才有了荫庇后代的进化和开放。如果郑渊洁不创办《童话大王》，还是走原来投稿拿稿费的老路子的话，那么，一位伟大的童话大师也许就会被埋没于一本小小的刊物中了。正是因为他懂得了变通、改换，发现自己创办一本刊物的优势，才得以在中国文坛上占据了重要的一席之地。如果美国华人李政道，面对自己在实验物理学中几乎完全是"真空"的"成就"，还是继续故步自封、拘泥于现状的话，那么，他就不会在物理研究上真正有所建树。正是因为他痛定思痛，改学理论物理，才得以获得诺贝尔奖这一伟大的成就。

种种事实都说明一个道理：当你的成功之路受阻时，换一种方

第三章
人生的智慧常蕴含于苦难之中

式或角度,重新出发,你也许会收获"柳暗花明又一村"的喜悦。

虽然有时候付出和收获不成正比,但是上帝对每个人都是公平的。他为你关上一扇门,就一定会为你打开一扇窗。也许你想进入一个房间,却吃了闭门羹,但是转过头,你又会发现一片更美的风景。"有心栽花花不开,无意插柳柳成荫",也许这就是人生。

有一个学金融的人,大学读的是金融专业,毕业后又在金融界工作。为了提升自身竞争力,得到更好的发展,他一心要去读中国人民银行总行的研究生。可是,天不遂人愿,虽然他投入了全部精力,做了最周全的准备,把三大部《中国金融史》都翻烂了,却依然屡考不中。他犟脾气上来,更是立誓非考上不可,于是年年备考。

因为爱好,他对古钱颇有研究,不断有朋友拿一些古钱来向他请教。起初他还能细心解释,不厌其烦,后来他鉴定古钱渐渐有了点名气,朋友的朋友,甚至是陌生人,也都慕名来向他讨教。他没有足够的精力和时间去应付这些事,索性编了一册《中国历代钱币说明》,给大家提供方便,也算是对自己所学知识的巩固。

这一年,他又一次落榜了,正当他气恼不已的时候,他的那本《中国历代钱币说明》却被一位书商看中了,第一次印了1万册,当年便销售一空。虽然没有考上研究生,无意中写出的那本书却让他收获颇丰。

我们总是喜欢朝着自己既定的目标奋力拼搏,却也要知道,不是每个理想和愿望都能顺利实现。当我们撞了南墙,要懂得回头,固执己见、不知变通,只会把自己逼入死胡同。此路不通就另辟蹊径,通往成功的不是只有一条直道,转个身,人生还有许多可能。

罗琳的父母都是狂热的网球爱好者。从罗琳刚出生的时候起，父母就决心要把她培养成一个出色的网球选手。

罗琳15岁时就参加了职业网球巡回赛，击败了几名老手的她成功闯入半决赛。少年得志，过于顺遂的生活让她有些得意忘形。

有次罗琳逃课去和同伴打篮球，不小心把左手腕摔伤了。这样的伤对一般人的影响并不是很大，罗琳却因为左手受伤而无法施展最擅长的双手反手击球了。

突如其来的打击让罗琳不知所措，失去了自己最大的优势，她拿什么来与那些强劲的对手抗衡？难道她的运动生涯就要因此结束了？

就在罗琳因为这次挫折苦闷不已的时候，罗琳的父亲对她说："既然左手的力量减弱了，你为什么不借此机会多锻炼你的右手，提高右手的进攻质量呢？"

增强右手的力量，来弥补左手受伤的遗憾，同样能达到力量的平衡啊！此后的那段时间里，罗琳把大量的时间放在了右手练习上，右手的进攻力进步飞快。在此后的比赛中，罗琳就是用她颇具杀伤力的右手攻球一次次击败了强劲的对手，取得了成功。

罗琳是幸运的，在前方的道路被飞来巨石阻断的时候，发现了绕过巨石的小道，果断绕路前行。

一次失败并不是事业和生命的终结，也许恰恰是成功的起点。跌倒了，爬起来，咬紧牙关再向前冲刺。每个人生下来不是为了被打败，而是为了将失败踩在脚下，越过障碍，去争取一个又一个胜利。

第三章
人生的智慧常蕴含于苦难之中

"失之东隅，收之桑榆"，即使已经感觉走入了绝境，也总有新的希望从绝望中诞生，"阴错阳差"也是件好事，"歪打正着"更是意外的惊喜。不是每一分努力都有我们意料中的收获，不是每件事都会有圆满的结局，但只要你不放弃，学会转弯，总会看到希望的灯火。

苦难,让我们更接近成功

"天将降大任于斯人也,必先劳其筋骨,饿其体肤,空乏其身"。屈原放逐,乃赋《离骚》,左丘失明,厥有《国语》,这都是苦难磨砺了人的意志力,才能在困境中有惊世之作。贝多芬的耳聋使其创造出更非凡的音乐作品;海伦的失明和聋哑使她创造了不可思议的人生。

奥斯特洛夫斯基说:"苦难是人生最好的老师。"的确,苦难教会了我们许多宝贵的人生经验。军训虽然艰苦,但苦难教会我们坚强和自立;学农虽然辛苦,但苦难教会我们付出汗水才会有收获;学习虽然困苦,但苦难教会我们知识和苦中寻找乐趣。

生活中的苦难有大有小,但都启发我们人生的哲理,使我们的生活更丰富多彩。苦难是一位良师,教导我们人生道理,磨砺我们的意志,苦难也是一位益友,随时能激发我们奋发上进。苦难,助我们成就非凡人生。

我们都知道,哈佛学子成名者数不胜数,其中不乏有大名鼎鼎

第三章
人生的智慧常蕴含于苦难之中

的科学家、企业家和政界人士。但有一个人却并不为大多数人所知，他就是现代奥运会的第一个冠军詹姆斯·B. 康纳利。

詹姆斯·B. 康纳利1895年被哈佛大学录取，主要学习古典文学。在学校期间，他已是当时全美三级跳远冠军了。听说奥运会即将在雅典举行时，他就向学校请了8周假期前去参赛，成为了由11人组成的美国代表团中的一员。

和康纳利一同前往的其他美国同伴都是波士顿体育协会麾下的优秀运动员，参赛都是免费的。但康纳利享受不了这种待遇，他这次参赛是由一家很小的体育协会赞助的。因为资金紧张，他花掉了自己仅有的700美元的积蓄，才登上了德国德福达号货船前往雅典。

然而，就在起航前的两天，他的后背竟然受伤了，这几乎毁掉了他的全部计划。幸运的是，在从纽约至那不勒斯的17天航行间，他的伤好了。但刚下船，他的钱包又被人偷走了。这还不算完，更为糟糕的事接踵而至：因为希腊历制与西方历制不同，比赛在他们到达的第二天就开始了，而不是他们原本以为的12天以后；而对他更为不利的是，他的三级跳远项目起跳的要求并非他从小练习的传统跳法。

三级跳远比赛揭开序幕，康纳利最后一个出场。他走向沙坑，将帽子扔到了其他运动员跳不到的距离上，大声呼喊自己一定要跳到帽子那里去。他在跑道上不断加速，按照新规则，先是两个单足跳，然后再起跳，最后落在了比他的帽子更远的地方，他跳出了13.71米的好成绩，成为了现代奥运史上的第一个冠军。

不是所有人在面对不利情况时仍能坚持自己的主张。面对参加奥运会与读书求学必须二选一的局面,还有资金紧张的严峻考验,詹姆斯·B.康纳利没有放弃自己的理想,最终取得了胜利。

就像一位哲人所说的那样,成功者最开始的环境大多不好,并经历过许多常人难以忍受的磨难。他们生命的转折点常常出现在最危急的时刻。经历了风风雨雨之后,他们才具有更健全的人格和更强大的力量。

很多哈佛学子都将这句话作为自己的座右铭——我要振作精神,不向命运妥协,我要把悲愤化为动力,方能有所建树。只有通过困境磨砺,才能锻炼出驾驭生活的本领。和世间许多事件一样,苦难也具有两面性。一方面它需要你花费精力和时间去排除障碍;另一方面它又是一种能让你成材、提高自己的养料。

女儿失业了,几番努力都没有结果,她开始烦躁起来。她对父亲抱怨,抱怨事事都那么艰难。她父亲是位厨师,他把女儿带进厨房。

他先往三只锅里倒一些水,把它们放在旺火上烧。三只锅里的水开了。他往第一只锅里放胡萝卜,第二只锅里放鸡蛋,最后一只锅里放入碾成粉状的咖啡豆。他将它们浸入开水中煮,一句话也没说。女儿咂咂嘴,不耐烦地等待着,纳闷父亲在做什么。大约20分钟后,他把火关了,把胡萝卜捞出来放到一个碗内,把鸡蛋捞出来放到另一只碗内,然后又把咖啡舀到一个杯子里。做完这些后,他才转过头来问女儿:"你看见什么了?"

"胡萝卜、鸡蛋、咖啡。"她回答。

他让女儿用手摸摸胡萝卜。她摸了摸,注意到它们变软了。父

第三章
人生的智慧常蕴含于苦难之中

亲又让女儿拿起鸡蛋,将壳剥掉后,她看到的是只煮熟的鸡蛋。最后他让女儿喝口咖啡。品尝到香浓的咖啡,女儿笑了,问道:"父亲,这意味着什么?"

父亲解释说:"这三样东西面临同样的逆境——煮沸的开水。但反应各不相同。胡萝卜入锅之前是强壮的、结实的,毫不示弱,但放入开水里后,它变软了、变弱了。鸡蛋原来是易碎的,它薄薄的外壳保护着它呈液体的内脏,但是经开水一煮,它的内脏变硬了。粉状咖啡豆则是独特的,进入沸水后,它反倒改变了水。"

"你属于哪一个类型呢?面对逆境,你是退缩了、变软弱了,还是变得更加坚强了或改变逆境,让自己变得更有出息了,并使周围的情况也随之变好了?"父亲问。

如果说这世上真的存在"点石成金"的方法,那实现的唯一手段就是磨炼。你必须忍耐着、坚持着,当走完黑暗和苦难的隧道后,兴许平凡如沙子的你,不知不觉中已经脱胎换骨,成为一颗闪耀的珍珠。磨难吞噬的都是意志薄弱的人,而对那些意志坚强的人无可奈何。逆境是魔鬼,它夺走了你的光明;逆境也是天使,它会给你带来无尽的能量。

莲种在清水中,难以衬托出其纯洁之美;人活在顺境中,难以成就一番大事业。唯有经历过磨难,才能铸就一颗面对逆境永不退缩的心。

没有跨不过去的坎儿

人生像一条河,在流动的过程中,总会受到石子的撞击,是很正常的事情,你只要大度地笑笑,就可以泛起几朵水花,绕几个漩涡,继续流向远方。任何挫折只不过是河水在流动中遇到的一颗小石子,别说是石子,纵是一座高山,水流也能从山脚下闯出一条路来。任何坎坷的存在都不意味着世界末日的到来,挫折并不可怕,可怕的是你没有信心和勇气去战胜它。

走在人生的道路上,往往会遇到种种困难,或许有一天挡在你面前的不是一座大山,不是一条大河,而是一道你以为不可能跨越的坎儿。有的人面对眼前的困境选择了勇敢地面对,而有的人却选择绕道而行,实在无路可走,宁愿死也没有勇气与之抗争,这样来看,这困境真的成了他生命中不可跨越的坎儿了。看看第一种人,若是跨不过去也只不过和第二种人的结局一样,若是跨过去了那就是最大的胜利,就是重生,就是给了自己第二次生命。

俄国著名作家奥斯特洛夫斯基曾经说过:"人的生命似洪水奔

第三章
人生的智慧常蕴含于苦难之中

流,不遇着岛屿和暗礁,难以激起美丽的浪花。"辽阔苍穹中飞翔的老鹰,必是经历了被母鹰无数次摔下山崖的痛苦,才锤炼出一双凌空的翅膀。一颗璀璨无比的珍珠,必然经受过蚌的肉体无数次打磨,才能熠熠生辉。马棚里养不出千里马,温室里的幼苗经不起风吹雨打。同样,一帆风顺的人生不是完整的人生,坎坷是人生成功的基础,是每个人都应该做好准备去面对、去跨越的。

古时的中国,经常因为各个诸侯国之间的纷争而发生战乱。在一次大规模的战争中,一个渔村里的女人不得不带着两个女儿和一个儿子过着东躲西藏的日子。村里很多人都受不了这种折磨,想到了自尽。她得知后就去劝:"别这样呀,没有过不去的坎儿,战争总会停息的。"

她终于等到战争结束的那一天,可是她的儿子在那炮火连天的岁月里,由于缺少医药,又极度缺乏营养,因病夭折了。丈夫不吃不喝在床上躺了两天两夜,她流着泪对丈夫说:"咱们命苦呀,可再苦也得过呀。儿子没有了,咱们再生一个,人生没有过不去的坎儿。"

刚刚生了儿子,丈夫又因患水肿离开了人世。在这个打击下,女人很长时间都没有回过神来,但最后还是挺过来了。她把三个未成年孩子揽到怀里,说:"娘还在呢。有娘在,你们就别怕。"

她含辛茹苦地把孩子一个个养大,生活也慢慢好起来。两个女儿嫁人了,儿子也娶了媳妇,她逢人便乐呵呵地说:"我说吧,没有过不去的坎儿,现在生活多好呀。"她年纪大了,不能下地干活,就在家里纳鞋底,做衣服,缝缝补补。

可是,上苍似乎没有眷顾这位一生坎坷的妇女,她在照看孙子时不小心摔断了腿，由于家里没有更多的钱请好的大夫、吃更好的药，她每天只有躺在床上。儿女们都哭了，她却说："哭什么呢？我还活着呀。"即便下不了床，她也没有怨天尤人，而是坐在床上做针线活。她的女红非常好，左邻右舍都夸她手艺好，还来跟她学手艺。

她活到85岁，临终前，她对自己的儿女们说："都要好好过啊，没有过不去的坎儿。"

的确，"世上没有过不去的坎儿"。这句话虽然很通俗，但却很形象地给濒临绝望的人以信心。人的一生都在坎坎坷坷中度过，只不过有的人经历多一点，有的人道路平坦一点。回溯走过的路，今生已经越过多少个坎坷，才走到了现在，就像唐僧历经九九八十一难，最终去到西天取回真经。眼前这个坎儿只不过是人生道路上相对而言比较高的一个而已。这样想想，还有什么不能释怀呢？

冰心说："成功的花，人们只惊慕它现时的明艳！然而当初它的芽儿，浸透了奋斗的泪泉，洒遍了牺牲的血雨。"一个真正有成就的人，肯定是在无数次的跌倒后重新站起来的，因为"不经历风雨，怎能见彩虹？没有人能随随便便成功"。

孟子说："天将降大任于斯人也，必先苦其心志，劳其筋骨，饿其体肤，空乏其身，行拂乱其所为，所以动心忍性，曾益其所不能。"不经历一次次的摔跤，人怎么能长大？摔跤也是一种幸福，风雨正是彩虹的前兆！

有位哲人曾说："人生的棋局，只有死亡才算结束。只要生命还存在，就有挽回败局的可能。"生活的好与坏，是一种心境，只要你快乐达观地面对，即使眼前是寒冬中的雨雪霏霏，你也可以看到一缕暖暖的冬阳,看到春风中所有的鲜花盛开、一片姹紫嫣红的景象;即使饱受饥饿,你也可以看见一块块香甜的面包,暖暖的、甜甜的,给予你希望和活力。

《真心英雄》这首歌曾经红极一时,歌中唱道:"把握生命里的每一分钟,全力以赴我们心中的梦,不经历风雨,怎么见彩虹,没有人能随随便便成功。"是的,每一个人不论是学业有成还是事业有成,在他成功的背后充满艰辛,一路坎坷走来,最后才到达了"胜利之峰"。

年轻人,你还在因为自己怀才不遇而垂头丧气,一蹶不振吗?你还在因为爱情的消逝而颓废吗?"自古逢秋悲寂寥,我言秋日胜春朝",你应该拥有乐观向上的精神,在寒风凛冽的日子也能感受到阳光的存在。折磨与逆境并不可怕,只要你充实、认真地过好每一天,你的世界就没有阴暗、潮湿的角落,成功离你也并不遥远!

第四章

路过的都是风景，留下的才是人生

很多人经常抱怨生活太过辛苦，每天都要行色匆匆，为过上更好的生活而奔波。你有没有问过自己：到底什么是更好的生活呢？所谓更好的生活，并非物质能给予，关键在于我们内心的感受。所以，奔波太累的时候，我们应该学会停下脚步，享受当下的惬意时光。

享受活在当下的时光

佛家常劝世人要"活在当下"。到底什么叫作"当下"？简单地说，"当下"指的就是：你现在正在做的事、待的地方、周围一起工作和生活的人；"活在当下"就是要你把关注的焦点集中在这些人、事、物上面，全心全意认真去接纳、品尝、投入和体验这一切。

然而大多数的人都无法专注于"活在当下"，他们总是若有所思，心不在焉，想着明天、明年甚至下半辈子的事。有人说"我明年要赚得更多"，有人说"我以后要换更大的房子"，有人说"我打算找更好的工作"。后来，钱真的赚得更多，房子也换得更大，职位也连升好几级，可是，他们并没有变得更快乐，还是觉得不满足："唉！我应该再多赚一点，职位更高一点，想办法过得更舒适些！"

这就是没有"活在当下"，就算得到再多，也不会觉得快乐，不仅现在不够，以后永远也不会满足。真正的满足不是在"以后"，而是在"此时此刻"，如果我们善于去发现，那些想追求的美好事物，

第四章
路过的都是风景，留下的才是人生

现在便已拥有。

有个小和尚，每天早上负责清扫寺院里的落叶。清晨起床扫落叶实在是一件苦差事，尤其在秋冬之际，每一次起风时，树叶总随风飞舞，需要花费许多时间才能清扫完。这让小和尚头痛不已，他一直想要找个好办法让自己轻松些。

后来有个和尚跟他说："你在明天打扫之前先用力摇树，把落叶统统摇下来，后天就可以不用扫落叶了。"小和尚觉得这是个好办法，于是隔天他起了个大早，使劲地猛摇树，这样他就可以把今天跟明天的落叶一次扫干净了。一整天小和尚都非常开心。

第二天，小和尚到院子里一看，他不禁傻眼了，院子里如往日一样满地落叶。老和尚走了过来，对小和尚说："傻孩子，无论你今天怎么用力，明天的落叶还是会飘下来。"小和尚终于明白了，世上有很多事是无法提前的，唯有认真地活在当下，才是最真实的人生态度。

库里希坡斯曾说："过去与未来并不是'存在'的东西，而是'存在过'和'可能存在'的东西。唯一'存在'的是现在。"卡耐基也曾说："今天太宝贵，不应该为酸苦的忧虑和辛涩的悔恨所消蚀。把下巴抬高，使思想焕发出光彩，像春阳下跳跃的山泉。抓住今天，它不再回来。"

如果说昨天是一张作废的支票，明天是尚需兑现的期票，那么只有今天才是可以使用的现金，有流通使用的价值。所以只有珍惜今天的一切，你才能活得更好。因为今天将一去不复返，活在当下的人才是最幸福的人。

有位年轻的小伙子匆匆忙忙地走在路上。一个人上前拦住了他,问:"年轻人,你为何如此行色匆匆啊?"

小伙子头也不回,还一个劲地向前跑着,只淡淡地甩出了一句:"别拦我,我正在寻求幸福。"

转眼20年过去了,小伙子已由年轻人变成一位中年人,可他仍然在路上奔波。一天,一个人拦住了他,问:"喂!中年人,你这是上哪儿去啊?"

"别拦我,我一直在寻找我的幸福。"

20年就这样一晃又过去了,这个中年人已经变得苍老,面色憔悴,背也驼了,可他仍然没有停止脚步,挣扎着一步步向前走着。

路上,又一个人拦住了他,问:"老头子,你还在寻找你的幸福吗?"

"是啊!"

当老头子回答完这句话,他猛地惊醒,老泪也不由自主地流了下来。原来,问他问题的那个人,一直是同一个人,那就是幸福之神啊!他一辈子苦苦寻找,实际上幸福一直就在身边,他却一次次与他擦肩而过。

有这样一句话:"重要的不是去看远方的模糊,而是要做手边清楚的事。"正是受到这句话的启发,让一个医科学生创建了全世界赫赫有名的约翰·霍普金斯医学院,他后来成为为数不多的牛津大学钦定的医学教授,获得了医学界的最高荣誉——女王勋章,还被加封为子爵。他就是威廉·奥斯勒。

威廉·奥斯勒教授认为:为明日充分准备的最好方法,就是要

第四章
路过的都是风景，留下的才是人生

集中你现在所有的智慧、全部的热情，把今天的工作完成得尽善尽美。今天的事情完美地了结了，这才算为明天铺路。

我们一定要记得活在当下的时光，因为生命只有一次，时间才是我们最大的财富，而我们拥有的时间只有当下，拥有了现在，我们就拥有了过去和未来。快乐地过好每一天，珍惜现在拥有的一切，活出自我，活出精彩。

解脱自己，释放压力

人活在世上，不仅要为了生计奔波劳累，要接触各色人物，应对各种事情，还要不断提升自己，担心赶不上时代的步伐……生活的含义实在太过广泛也太过复杂，所以，总会听到有人忍不住大呼："生活的压力真大！好累啊！"感到自己被生活的烦恼所包围。其实，生活本身压力并不大，只是我们给自己找了很多无形的压力，所以活得太累！

一个年轻人觉得生活太过疲累，于是，便四处去寻找解脱负累和恢复轻松的秘诀。

第一天，他来到了一条小河边，河边一位白发老翁正坐在那里垂钓，一副悠然自得的样子。年轻人走上前去，向老翁请教："老人家，看您生活得这么悠闲，您能告诉我让生活解脱负累的方法吗？"

老翁笑眯眯地看着他说："孩子，来跟我一起钓鱼吧！安安静静地坐在这里，保证你不觉得累。"

于是，年轻人便按照老翁的话试了试。结果，没有一会儿他就

第四章
路过的都是风景，留下的才是人生

觉得腰酸背痛，十分疲累。没有得到想要的答案，年轻人便告别了老翁，继续往前走。

第二天，他在一片树林里遇到了一位牧童。牧童骑在牛背上，逍遥自在地吹着笛子，脸上挂着快乐的笑容。

年轻人走上前去询问："你看起来多么快活啊！能教给我摆脱负累的方法吗？"

牧童说："我一直都在放牛，从来都没有感到累过，我吹着笛子跟我的牛儿们在一起，别提有多惬意了。"

年轻人试了试牧童的生活，还是觉得不够轻松，而且不一会儿便觉得无聊至极。于是，他又继续寻找。

第三天，他在一个山洞里遇到了一位打坐的老人。从这位老人的神态和装束来看，年轻人觉得他一定是位高人，于是便上前深深地鞠了一躬，问道："师父，您能救救我吗？"

"你希望我怎么救你？"老人捋着自己的长髯问道。

"您能帮我从负累中解脱出来吗？"年轻人问。

老人微笑着问："现在有谁将你捆住了吗？"

"没有啊！"年轻人迷茫地答道。

老人说："既然没有人将你捆住，又谈何解脱呢？"

很多时候，我们之所以会感到压力大，正是因为自己捆住了自己。把压力释放出去，才能让自己过得轻松一点儿，惬意一点儿。现在太多的人都被"捆绑"在别人的世界里，介意别人看自己的眼光，介意别人对自己的评论，介意自己和他人是否一致……这么多的介意，扼杀了自己的天性，剥夺了自己的快乐，让自己成天活在

烦恼和压力之中。

其实，你完全可以不必介意这么多，完全可以自在地支配生活，想做的事尽管去做，不要怕别人冷嘲热讽。在生活中，假如你仅仅因为财富、地位、名望，或是家人的意愿，选择了自己不喜欢的工作，那就赶快跳出来吧！如果你不能清醒客观地看待自己的天性，盲目地追随了他人的想法，最后苦的是自己。你应该很清楚，兴趣才是最大的动力和快乐的源泉，最适合你的应该是自己真正喜欢的工作。只要自己兴致盎然地去做，即使在平凡的工作岗位上也会做出一番惊人的成绩。

一些人生的重大抉择也是一样的道理，想要得到果子，那你先得选对了树。做决定的时候，一定要听听自己内心最真实的声音。假如发觉排错了队，就要及时地纠正过来，以免付出更高的代价。

有个男人原本在一家公司从事销售工作，他是个喜欢挑战自己的人，这样的工作让他充满了斗志和兴趣。于是，他每天上班都快快乐乐的，业绩也相当不错。

后来，男人结婚了。他的妻子希望他能够换一份稳定一点的工作，因为她不喜欢自己的丈夫整天跑来跑去的。男人的岳父岳母也常常唠叨说："你学历也不低，找个别的工作应该也很容易，干吗偏偏要干没有太大前途的销售呢？"

起初，男人还试图坚持自己的初衷，但没过多久，他就因为耐不住妻子和家人的软磨硬泡而辞去了销售一职，在朋友的推荐之下，到一家公司当上了总经理助理。

男人职位的调动让全家人都感到很满意。然而，男人却一天比

第四章
路过的都是风景，留下的才是人生

一天不快乐了。他觉得这样的办公室生活简直太枯燥无味了，每天上班都像例行公事一样，所做的事情虽然看起来有一大堆，可却没有一件事是实实在在有成效的工作。男人再也找不到当初工作的成就感和愉悦感了，他不知道自己工作的意义何在。于是，他开始讨厌上班，即使是下了班回到家中心情也不好，整个人的状态都变了。

就这样过了一段时间，某一天，男人终于想明白了。为了不继续在消沉的泥沼中沉沦下去，他必须去做自己喜欢做的事情。只有这样，他才能找到自信和快乐，才能带给身边亲人更好的生活。

于是，当天下午他就毅然辞去了安逸的总经理助理一职，回到原来的工作岗位上，马上恢复了原来的信心和斗志。不久他就因为业绩出色而被提升为销售部经理，人也变得越发精神抖擞起来。

尊重自己的意愿，快乐最重要。为什么非得背负着各种压力去做那些明明自己心里一点都不喜欢的事情呢？这不等于是在自寻烦恼吗？所有人都希望自己的生活方式是被大家羡慕的，却忘记了自己是不是真的喜欢，这注定要忍受更多的寂寞、痛苦和空虚。这就是活在别人思想里的代价！

过去的日子，我们总是小心翼翼，为了这样或那样的事情而充满顾虑。或许犹豫不决和战战兢兢的性格已经让我们在不知不觉中丢失了真实而完整的自我，失去了人生太多的快乐。我们几乎纯粹地在他人的眼光里活着，在舆论里活着，在看不见边缘的影子里活着。经验使我们变得不敢表现自我，不敢说出自己内心的想法，而我们在这样的饱受煎熬中还以为这是成熟的标志。

假如过去你遗忘了自我，那么就从现在开始抛却压力和别人的

左右，鼓起勇气，不必再为了别人的眼光而违背自己的意愿，只要是你喜欢并认为值得去做的事情就去做，不想做的就不要逼着自己做。每个人都是自己的主人，没有人可以左右你的意见，也没有权力主宰你的心情。我们要学着解脱自己，释放压力，让心灵之舟轻载。这时，我们就会发现，原来自己强烈渴望和一直找寻的东西正是这些。

第四章
路过的都是风景,留下的才是人生

享受生活,享受快乐

有没有想过:我们活着的意义到底是什么,仅仅是为了梦想而去奋斗吗?当然不是,我们除了为梦想而奋斗,更大的意义在于享受每一天的生活,如此,才不会辜负自己的人生。

对于"享受"二字,不同的人有着不同的定义。比如说:有的人追求越来越多的财富,有的人追求名誉,有的人追求美食,有的人追求感官的娱乐……这些都是享受。但是我们要记住一点:享受人生并不是及时行乐,也不是某一时刻的快乐最大化,而是一辈子"快乐总量"的最大化。享受,对我们而言是一种特殊的生活体验,但是在如今越来越喧嚣的现实世界里,真正懂得享受生活的人却已经不多了。

下面,我们来看这样一个故事:

2007年的一个寒冷上午,在华盛顿特区的一个地铁站里,一位男子用一把小提琴演奏了6首巴赫的作品,共演奏了45分钟左右。他前面的地上,放着一顶口子朝上的帽子。显然,这是一位街头卖

艺人。

没有人知道，这位在地铁里卖艺的小提琴手是约夏·贝尔——世界上最伟大的音乐家之一。他演奏的是一首首世上最复杂的音乐作品，用的是一把价值350万美元的小提琴。

在约夏·贝尔演奏的45分钟里，大约有2000人从这个地铁站经过。大约3分钟后，一位显然是有音乐修养的中年男子，他知道演奏者是一位音乐家，放慢了脚步，甚至停了几秒钟听了一下，然后急匆匆地继续赶路了。

大约4分钟后，约夏·贝尔收到了他的第一块美元。一位女士把这1美元丢到帽子里，她没有停留，继续往前走。

6分钟时，一位小伙子倚靠在墙上倾听他演奏，然后看看手表，就又开始往前走。

10分钟时，一位3岁的小男孩停了下来，但他妈妈使劲拉扯着他匆匆忙忙地离去。小男孩停下来又看了一眼小提琴手，但他妈妈使劲地推他，小男孩只好继续往前走，但不停地回头看。其他几个小孩子也是这样，但他们的父母全都硬拉着自己的孩子快速离开。

45分钟内，只有6个人停下来听了一会儿。大约有20人给了钱就继续以平常的步伐离开。约夏·贝尔总共收到了32美元。

要知道，两天前，约夏·贝尔在波士顿一家剧院演出，所有门票售罄，而要坐在剧院里聆听他演奏同样的那些乐曲，平均得花200美元。

其实，约夏·贝尔在地铁里的演奏，是《华盛顿邮报》主办的关于感知、品味和人的优先选择的社会实验的一部分。

第四章
路过的都是风景，留下的才是人生

实验结束后，《华盛顿邮报》提出了几个问题：第一，在一个普通的环境下，在一个不适当的时间内，我们能够感知到美吗？第二，如果能够感知到的话，我们会停下来欣赏吗？第三，我们会在意想不到的情况下认可天才吗？

最后，实验者得出的结论是：当世界上最好的音乐家，用世上最美的乐器来演奏世上最优秀的音乐时，如果我们连停留一会儿倾听都做不到的话，那么，在我们匆匆而过的人生中，我们又错过了多少其他东西呢？

生活中有很多东西值得我们去享受，偏偏我们却不在意，非要跟大家一样往热闹的地方挤，好像这样就是享受了。其实，享受是一种心情，只要我们愿意用享受的眼光去看待周围的事物，那么无论这个事物有多么平凡，我们也可以感受到一种与众不同的滋味，这便是享受的魔力。生活中总是有人整日闷闷不乐。其实，并不是生活中真的有那么多令人烦恼的事，而是在于自己是否用心去体会生活中快乐的成分，是否把视线集中在生活中精彩的地方。

如果你多关注生活中开心的事情，淡化悲伤的事情，那么你会过得很开心，你会发现每天都很有意义；如果你总是关注不开心的事情，而忽视了开心的事情，那么你悲伤的心情就会布满阴云，久久挥之不去。

要想享受生活乐趣，就别让自己不开心。想想好的事吧，你看，我们其实都很富有：我们拥有四肢、五官和身体，拥有健康和生命；我们拥有阳光、空气和水，拥有大自然；我们拥有书本的知识、智

慧、思想和观念；我们拥有爱情、家庭和事业；我们拥有快乐的生活……难道这些还不够吗？拥有这些，就足够我们好好享受惬意的生活了。

一位女士去看心理医生，因为她整日茶饭不思，夜夜失眠，身体消瘦得厉害，但是各种检查显示她的身体一切正常，没有患任何疾病的迹象。心理医生问她是不是心中觉得特别痛苦？这位女士像遇到知音一样，开始向心理医生诉说自己的种种苦恼。比如对门的邻居见面没主动和她打招呼，楼上的住户每天晚上总是会制造出一些响动，自己居住的小区治安不太好，一个本来关系不错的同事居然在背后说自己的坏话，老板总是说要给自己加薪，可总是没动静……如此种种，她认为生活真没劲，到处都不顺心。

等她说完，心理医生问她："丈夫对你感情如何？"女士脸上有了笑容，说："哦，他非常疼爱我，我们结婚6年了，从来没有吵过架。"心理医生微笑着点点头，又问："那你有孩子吗？"女士的眼里闪出光彩说："我有一个儿子，4岁了，聪明活泼。"然后，心理医生又问了她许多问题。

最后，心理医生把写满字的两张纸放到少妇面前。一张写着她的苦恼事，一张写着她的快乐事。心理医生对她说："这两张纸就是治病的药方，你把苦恼事看得太重了，忽视了身边的快乐。要懂得发现生活的美，享受生活的美，你才能好起来啊！"

生活中从来不缺少美，而是缺乏发现美的眼睛。同样，生活中不缺少快乐，而是缺少发现快乐的眼睛。你想发现生活中的美和快乐吗？那么就用心去感受生活、享受生活吧！唯有这样，你才会发

第四章
路过的都是风景，留下的才是人生

现原来周围的一切都是如此美好，自己是如此幸福。

人生在世，我们应该学会好好地享受生活：享受四季的冷暖，享受时间和空间，享受休闲、平和与宁静，享受青春和活力，享受缘起时的相爱与欢聚，享受周围的一切……只要我们有一颗享受的心，世界就会变得快乐、美好！

日子，就该简单一点

美国哲学家梭罗说："简单点儿，再简单点儿！"让心灵开始平静，让状态变得轻松……平静中，又想起了海子，想起了海子的"面朝大海，春暖花开"的那首诗，化繁为简，还原生活本真。

可能我们每个人都憧憬着这样一种生活：在海边有一幢属于自己的小木屋，周围郁郁葱葱、繁花点点，远处是一望无垠的大海。闲暇的时候打开收音机，躺在海滩上静静地晒着太阳，听着优美的音乐……虽然这样的生活看来很遥远，似乎是一种空想，但我们还是很希望有一天能过着这样的生活，摆脱来自社会的约束，回归到简单、自在的生命本质。

赵鑫是一家跨国公司的高级质量管理员，年薪十多万元。做事认真专注的他在大学里并不算突出，因为性格直率、不够圆滑，与那些处事八面玲珑的同学比起来，他显得有点"缺心眼"。毕业没几年，"不会办事"的老实人却得到了这样条件优厚的工作，许多比他聪明能干的同学的境况却大都不如他。大跌眼镜的同学们不由感叹

第四章
路过的都是风景，留下的才是人生

"傻人有傻福"，对他的"幸运"羡慕不已。殊不知，正是他们眼中那种"不成熟""不聪明"的简单直率，带给赵鑫好运。

当时，这家跨国公司向社会进行公开招聘，因为各种待遇相当优厚，报名竞聘者如潮。经过笔试、面试和实际操作等严格的层层筛选，赵鑫和其他两位应聘者杀出重围，进入了由公司总裁亲自进行考查的最后一轮面试。

虽然应试成绩相当，但是另外两名应聘者一位是名校博士，另一位则在相关岗位工作多年，经验丰富。学历、经验都不算突出的赵鑫并不对自己抱太大的希望，只想放手一搏。

面试在老总的办公室进行，三位竞聘者依次入内，赵鑫是最后一个。第一位应聘者出来时面带着微笑；第二位虽然表情严谨，姿态却非常自信，一副胸有成竹的模样。

赵鑫进去以后，一眼看见老总的鼻尖和脸颊上各有一小块溅上去的墨汁，接着还发现老总的领带没有系紧，衬衣的第一颗扣子没有扣好，这样不雅的形象出现在一个跨国公司老总身上显然有些失礼。然而，在这样一个决定自己命运的非常时刻，讨论任何与他应聘工作无关的事很可能被视为不够专注，万一惹得老总不快，就相当于自动退出竞争，无异于拿自己的命运开玩笑。

赵鑫却没有想那么多，老总向他提出了问题，他却严肃地说："总裁，请允许我先提醒您三点：第一，您的鼻尖和脸颊上各有一处黑点；第二，您的衬衣扣子没有扣好；第三，您的领带没有系紧。相信这是您一时的疏忽不察，但作为一个跨国公司的总裁，这将有损于您自己和公司的形象……"接着，赵鑫在老总好像有些尴尬的神色中从容回答了他的问题。老总没有继续发问，只是淡淡地说了一句"你可以走了"，面试时间相比前两位短了很多。

赵鑫走出老总办公室，回去跟朋友讲述了这次面试的经过，大家都埋怨他太傻，当面批评老总仪容不整，让老总失了面子，白白错失了这样的大好机会。已经不抱希望的赵鑫正准备找其他工作，却接到了老总秘书的通知：他被录用了，第二天到公司人事部报到。

后来，在一次闲谈中，老总对赵鑫不无感慨地说："正因为你的简单和直率，我才决定聘用你。"

老总说，第一位应聘者一进去就注意到了他脸上的墨汁，几乎条件反射地笑出声来，但马上忍住了，也没有出言提醒他，回答问题的时候看似大方从容、侃侃而谈，眼睛却不住地瞟向那两块黑点。

和前面一位一样，第二位应聘者也一眼看到了老总脸上的墨汁。但他并不关注与他正在做的事情无关的东西，只专注于认真聆听老总的询问，对老总提出的关于如何严格检验产品质量的问题对答如流。

在质检员的岗位上，过分圆滑就会造成把关不严，很可能因为其他的原因对不合格的产品"放水"。不合格的产品流出去，影响的是公司的形象。第二位应聘者虽然严谨有余，对工作专注，但视野过于狭窄，不关心公司整体，难以有大的发展。

直率认真的赵鑫最终成为竞聘的胜利者。

做人就是这么简单，无须顾忌太多，大胆说出自己的想法，用最直接的办法解决问题。如果想着这样说不行、那样说不可，在枝节问题上浪费太多精力，也许机会就在你思考的那几秒钟悄悄溜走了。

第四章
路过的都是风景，留下的才是人生

简单的人，生活得都很自在，都很快乐。他们放弃了那些多余的欲望，多余的攀比，多余的算计。如果我们想要享受生活的快乐与幸福，那么就让自己变得简单一些吧。张爱玲说：生活就像一袭华丽的衣裳，上面爬满了虱子。每个人给大家的都是光鲜亮丽的外面，里面是什么只有自己体会最深。有了偌大的房子只有孤单的一个人，有了美丽的衣服却失掉了纯洁的心灵，有了巨大的财富却没有了自由，这些又有什么用呢？因此无论是贫穷还是富裕，无论是得到还是失去，只要自己感到快乐、幸福就行了。

一个渔夫在墨西哥海边划着小船靠岸了，船头上放着几条大黄鳍鲔鱼。这时，一位美国商人来到码头上，看到渔夫，忙过去打招呼。商人跟渔夫打招呼，顺势恭维了一番渔夫能抓到这么珍贵的鱼，又问："捕这些鱼肯定要花费很长时间吧？"不料，渔夫答："才一小会儿的工夫。"商人惊讶地望着渔夫，又问："那你为什么不再多捕点鱼呢？"渔夫不以为然地说："这些鱼已经够我们一家人吃一天了。"

商人看了看正当空的太阳，又问："现在才刚刚中午，那么你在一天剩下的时间里都干什么呢？"

渔夫答："很简单呀！我每天睡到自然醒，然后出海捕鱼，回去后妻子做饭，我就和孩子们玩。吃完午饭，睡个午觉。傍晚去村子里转悠和邻居喝点小酒，听一会儿音乐，聊会儿天。日子简单却充实。"

商人听完笑着说："你可以把这么多时间拿来挣钱呀。我是美国哈佛大学 MBA，我可以给你出点主意。你每天只要多花点时间去捕更多的鱼，卖了钱就买一艘大点的船，自然可以抓更多的鱼，再买

大船,这样慢慢地你就可以拥有一个渔船队了。然后把鱼直接卖给加工厂,这样你自己就可以开一家鱼罐头工厂了。你就可以走出小渔村,搬到墨西哥城里,然后走出墨西哥,到全世界……"

渔夫问:"那需要多长时间?"商人答:"15到20年。"

"然后呢?"

"然后,你就可以在家享清福了。你可以把公司交给其他人来管理,你可以投资股票,等股票上市,就把公司股份卖给投资大众,到时候你就可以挣更多更多的钱,上亿……"

"然后呢?"

"然后,你就可以退休,搬回到海边的小渔村,每天睡到自然醒,出海随便抓鱼玩,尝个鲜,睡个午觉,下午去村子里晃悠着喝点小酒,唱唱歌。"

渔夫疑惑地说:"我现在不就这样吗?"

渔夫虽然没有那位商人物质上拥有的多,但并不比商人得到的快乐少。因为在渔夫的眼里,享受每天简单的生活就是最大的快乐和幸福。

很多时候,人们之所以感到生活中的纷扰太多,不是因为时事太复杂,自己缺乏对生活的构思、想得太简单,而是想得太多、"构思过度"了。余秋雨先生说:"我们的历史太长、权谋太深、兵法太多、黑箱太大、内幕太厚、口舌太贪、眼光太杂、预计太险,因此,对一切都'构思过度'。很多人的一生都在过度的构思中度过,为生活增添了许多破灭、纷乱和耗费。"

生活是简单的,是人们把它想得太复杂了。生活不是做数学题,

第四章
路过的都是风景，留下的才是人生

不需要反复算计。虽然很多时候，我们无法改变世界复杂的形态，但可以把握做人的原则——保持简单。如果你简单，你的生活、你的世界也就会简单明晰起来；同时，你会过得更加轻松快乐，也更加幸福。

学会欣赏周围的风景

时代节奏快了,我们争相追逐的脚步也快了。因为"快",我们常常把自己弄得疲惫不堪,想要停下来休息的时候,发现身边的人把自己超过去了,没办法,我们又急急忙忙赶着上路。

很多时候,我们就像风筝,被人牵着,失去了自由。我们总是抱怨:"没有办法啊!不快点儿能行吗?我要吃饭,要过更好的生活,你看看别人……"我们为什么要看别人呢?这个问题,可能我们都想过,甚至也告诉过自己,根本没有必要去看别人。可是当我们真的处在这个集体快跑的环境中时,又觉得身不由己。

现在的我们,为了钱,总是东西南北团团转;为了权,总是上下左右转圈;为了欲,总是上上下下奔窜;为了名,总是日日夜夜思虑。渐渐地,我们的好生活跑了,幸福也跟着丢了,有的人,甚至连一个健康的好身体也没了……这一切值吗?

因为一根绳子,风筝失去了天空;因为一根绳子,骏马失去了驰骋。你看,曾经与鹰同一基因的鸡,现在怎样在鸡窝边打转?你

第四章
路过的都是风景，留下的才是人生

看，曾经遨游江海的鱼，现在怎么上了钓钩而摆上餐桌？你看，曾经蹦蹦跳跳的少年，现在是怎样的满脸愁云惨淡？你看，当年日记本上红笔书写的豪言壮语，现在又怎样成了黑色的点点符号？

生活中，我们总是在一件事里团团转，在一种情绪里转团团。为什么都挣不脱？为什么都拔不出？都是因为绳未断啊！名是绳，利是绳，欲是绳，尘世的诱惑与牵挂都是绳。人生三千烦恼丝，你斩断了多少根？

最近，小吴一直觉得自己的工作很累。她已经参加工作三年了，每天早出晚归，很卖力地工作，也取得了不错的成绩。可是她却发现自己很迷茫，业绩不再有提高，和同事之间的关系也变得不那么顺心，一些以前明明能做好的事情现在却有些力不从心，精力完全集中不起来。浮躁和厌倦的情绪包围着她，使她想要逃离，逃得越远越好，逃到新的环境和生活状态中去。

同事小王建议她给忙碌的工作按下"暂停键"，出去走走，给心灵做个瑜伽，也许能缓解这种疲惫、烦躁的心理，也可借机认真审视自己走过的路，为接下来的生活调整方向。

于是，小吴带了些简单行李，在郊区租了间农家院，与世隔绝般，每天一个人吃饭、散步、睡觉，和小狗对话，和自己聊天。十天之后，小吴精神饱满地回到了单位。从那之后，她明白了工作并不是唯一，要想真正享受生活，就必须懂得适时按下"暂停键"，去看看周围的风景，感受一下周围的气息，如此一来，才不会辜负生命、辜负自己！

每天穿梭在熙熙攘攘的人群中，来往于喧嚣繁杂的尘世间，强

打着精神去应付无穷无尽的工作琐事、情感烦恼，我们的心渐渐变得麻木了。心灵的草场会因此变得一片荒芜，我们若还没有时间、没有精力去修剪，那么渐渐地，它就变得杂草丛生。

拥有宁静的心灵世界是美好生活必不可少的一项要素，我们每个人内心深处都需要一处避风港湾。当在人生路上感觉疲惫的时候，我们不妨暂时把生活的琐碎和工作的压力抛在脑后，去欣赏一下周围的风景，让自己的心灵暂时安歇下来。关心自己的心灵，不正是人生旅程中最终极的意义所在吗？

放眼我们生活的世界，平原大坝有富饶的美丽，江河山川有神奇的壮观，白天有城市的热闹，夜晚有寂静的空旷，春天有鲜花的盛开，秋天有果实的累累……可是十分遗憾的是，人们宁愿花很多的钱去外地旅游，却往往忽略了身边的美景。

王刚去外省办一件事，火车里拥挤不堪。他没有买到坐票，只好站在车厢里。他心想：一天的路程，中途一定有人陆续下车，一定可以占个座位的。王刚和一位老人并肩站在靠窗口的地方。王刚平时就总坐着，不习惯这样长时间站着。于是，王刚问邻座的男子："大哥，你在哪儿下车？"男子说："下一站。"王刚很高兴，打起精神准备着占这个座位。

30分钟后，火车到站了。很多人上车下车，秩序变得混乱起来。那位男子站起来，王刚正要坐在刚空出的座位上，一位壮汉却以很快的速度抢坐了。王刚心里很郁闷，怪自己行动不够敏捷，只好还是在那里站着。

一会儿，王刚听见身边的那位老者发出一声叹息。王刚看了他

第四章
路过的都是风景，留下的才是人生

一眼，发现那位老者凝视着窗外，嘴角露出丝丝笑意。王刚顺着他的眼光看去，外边是一条河，河面上波光粼粼，依稀可见点点小帆。"窗外的景色多美啊！"老者说。王刚随口说道："是呀！"老者接着说："那田地，那河流，那山脉，真的是美不胜收啊！"王刚吃吃地笑了。老者不解地瞅着他问："怎么，难道我说的不对吗？"王刚连忙说："是的，是的。"老者似乎明白了什么："你是笑我迂腐吧。"

过了一会儿，老者拍着王刚的肩膀说："小伙子，大家都在那里忙着抢座位，却忘了留心窗外的风景，真的是太遗憾了！这条路，就非得坐着过去吗？就不能一路站着欣赏过去吗？"王刚听了，心里多多少少受到点触动。老者接着说："我年轻的时候，为了一些眼前的东西，错过了很多好机会；现在，我不再关注这些，只想多看看远处的风景。"王刚被老人的话震动了，跟着他一起欣赏起路边的风景……

随着我们年龄一天天的增长，生活也开始渐渐变得忙碌，我们已经没有闲暇的时光去欣赏生命中那些美好的事物了。我们现在所关心的是自己挣了多少钱，有了多少权。我们只是忙着赶赴目的地。可是等到我们真的到达目的地的时候，会不会才发现：原来自己错过了太多人生的美景？

其实，人生的过程就像是坐火车一样，有着相同的目的地，从起点到终点，有的人埋头看书，有的人玩扑克，有的人聊天，有的人睡觉，有的人欣赏沿途的风景……到了终点站，每个人的收获却不同，有的人说太闷了，有的人说太辛苦了，有的人说路上的风景很美。很明显，收获最多、心情最愉快的还是沿路看风景的那些人。

人生苦短，我们为什么要一生忙于名利，而错过人生路途中的美景呢？

所以，我们根本没有必要让自己活得那么累，应该学会留一点儿时间给自己去感受周围事物的美好。这样的生活才更有价值、更有意义！要知道，人生路上所有的东西，不会因为我们的担忧而失去，也不因为我们的期待而成真，关键的是，要看我们如何去欣赏。尽管这样的生活很平凡，但是只要我们能够用美丽的心情去欣赏，那么眼前就会是一片灿烂的风景！

第四章
路过的都是风景，留下的才是人生

来一次说走就走的旅行

有一句话说得好："人生中至少要有两次冲动，一次为奋不顾身的爱情，一次为说走就走的旅行。"不管现在的你多大年龄，千万不要辜负青春，爱情是可遇不可求的，但是旅行却永远是看我们自己。

也许，我们曾经也问过自己：想去旅行吗？想背着包去流浪吗？大部分的人都是这样回答自己的：想啊！可是在现实生活中，真正去做的人却是寥寥无几。其实，这件事最难的部分，不是钱，而是是否有迈出第一步的勇气。第一步最难，只要踏出了第一步，你就不会轻易停下来，就会持续地勇敢往前走。有些事情现在不做，一辈子都不会做了。

我们应该带着一颗说走就走的心，勇敢去看一看世界再回来。

程昱是一位十分有激情的小伙子。自从大学毕业后，他就开始拼命地工作。由于认真、勤奋，他很快就成了同届同学中的佼佼者，升职加薪的速度几乎是半年一次，同学们都称他为工作狂。

一晃五年过去了，程昱的职位是越来越高，可同时压力也越来

越大。有一次,他竟然因为冒雨去见客户而病倒了。当年跟他要好的同学来看他,对他说:"你呀,那么拼干什么啊?看这几年把你累的,一场雨就能把你浇病了。你还记得当年在大学的时候,你跟我们说的话吗?"

程昱一脸疑惑地看着他的同学,问道:"我跟你们说过什么吗?"

"你都不记得了?那时候,你总跟我们说以后要过自在点儿的生活。人活一辈子不容易,千万别把自己弄得太累了,有时间啊,就该多出去旅游、多看看世界,那样的生活才有意思呢!"他的同学说。

程昱听了同学的话,笑了笑说:"还真是我说的,不过这几年都给忘光了,青春的热血都抛洒在时光中了!哈哈……"

"听我的,这次病好了,休个长假,出去旅旅游,怎么说这也是你当初的梦想啊,别辜负自己的青春嘛!"

同学的一番话,顿时让程昱明白很多。他想:人生是自己的,总是被工作拖了后腿,那还有什么意思?人活着,就该潇洒自在一点儿,我也要来一次说走就走的旅行!

病好后,程昱请了长假,去了很多地方,厦门、深圳、上海、苏州……他看了好多曾经没有看过或留心的事物,见识了不同地方的文化特色,心情也跟着豁然开朗起来。

这就是旅游的好处。自古以来,旅游就是人类直接认识世界的一种重要方式。通过旅游,我们不仅可以扩大视野、增加对各地风土人情的了解,还可以增加生活阅历,甚至还能在潜移默化中让自己解决问题的能力得到提升。

第四章
路过的都是风景，留下的才是人生

郑世军是一个 72 岁的老人，他的老伴郝丽英也已经是 70 岁高龄了，但他们可是一对地地道道的时尚老"驴友"。

年轻的时候，郑世军在一所大学里任教。他思维活跃，做事非常理性，非常喜欢旅游。只不过由于学校的工作太忙了，他只能是忙里偷闲，利用假期的时间出去转转，可总是不能尽兴。

1996 年，郑世军和老伴都退休了。郑世军对老伴说："现在，咱们有了时间、体力和钱，该出去走走了。"郝丽英说："好啊！我听你的。"

那一年的秋天，老两口便跟随旅游团去了云南。5 天的行程，可是在景点上真正停留的时间还不到 2 天，其余时间都浪费在了转车和购物上。回来后，郑世军对老伴说："这种方式不划算，咱们还是自助游吧！"

说干就干！第二年春天，老两口又去了一趟云南。一切准备妥当之后，老两口便背着行囊出发了。在那一个星期的时间里，他们不仅在玉龙雪山下留了影，还在蝴蝶泉放了河灯……有了这一次的热身，后来的旅行就顺理成章了。2003 年秋天，老两口去了安徽的天柱山。2007 年 7 月，老两口和儿子一家三口去豫北的郭亮村自助游了一趟……

旅游不仅可以磨炼人的意志，还可以开拓一个人的智慧。北宋大文学家王安石游褒禅山的时候，还没有到达洞底就退了出来，以致"不得极乎游山水之乐"。于是，他便得到了这样的感悟："天下奇伟瑰怪非常之观，常在险远，非有志者不能至也。"

达到了王安石的这种境界当然是一种极大的审美享受了。在寻

幽访胜的经历中，我们的意志可以得到锻炼，我们的智慧可以得到进一步的开发。从大的方面来说，是为人类文明增加一抹亮色；从小的方面来讲，会给自己增添无穷的快乐。

旅行对我们的意义非同小可。我们的人生就是一场旅行，可能在一开始，心中的目的地是非常明确的，可是走着走着却总是因为各种各样的事物而改变了方向。所以，对于生活，我们无须过多抱怨，只需静静学会享受。当上帝为你关闭一扇门的同时，也会静静为你打开另一扇窗。

当我们对生活疲惫的时候，不如暂时抛却凡尘困扰，动身去旅行吧！让我们放下对未知的恐惧、对舒适的留恋，做一个简简单单的旅行者，无需多想，只管上路，就当是一场华丽的冒险。我们不需走遍大江南北，只需追寻自己内心的那一份满足即可。

第四章
路过的都是风景，留下的才是人生

和失眠、忧虑说"拜拜"

如今，越来越多的人抱怨睡眠质量不高。导致睡眠质量不高的原因有很多，如平时压力过大、情绪不佳，或因酷热、寒冷、杂乱等环境因素，这些都会影响睡眠质量。睡眠不好，会严重影响我们的日常生活，让我们无法全身心地投入学习和工作之中，身体的抵抗力低下、更容易生病等。因此，拥有高质量的睡眠是一件很重要的事情。

塞缪尔·昂特迈耶律师在他21岁的时候，年收入就已经高达7万多美元。1931年，他在一个诉讼案上所得到的酬劳，可能是律师界有史以来酬劳最高的——100万美元。就是这么一位成功的人士，也患有失眠症，且一直伴随他多年。此外，昂特迈耶还患有气喘病。在大学时，他就很担心这两种似乎根本没有办法治好的病。不过，昂特迈耶并没有被这两种病所吓倒。当他躺在床上翻来覆去睡不着的时候，并没有让自己处于忧虑之中，而是起身拿起书学习。结果他每一门功课都很优秀，成为纽约市立大学的奇才。

昂特迈耶从事律师职业以后,他的失眠症还是没有得到根治。可是他一点也不忧虑,他说:"大自然肯定会照顾我的。"事实果然如此。他虽然每天睡得不多,但是健康状况一直很好,而且也能像纽约法律界所有年轻气盛的律师一样努力工作,甚至赶超他人,因为在别人睡觉的时候,他却是清醒的。

昂特迈耶活到81岁高龄,失眠症一直伴随着他,一辈子难得有一天晚上能够睡得很熟。如果他一直在为自己的失眠症而忧虑的话,恐怕早已病入膏肓了,根本活不到81岁。看来,忧虑症的确比失眠症更可怕。

其实,失眠和忧虑是相互的。生活中,有很多人因为失眠而忧虑,因为忧虑而失眠。不管是哪一种,对人的身体以及精神健康都是不利的,必须要想办法告别它们,否则生活根本没有规律,毫无质量可言,就像下面的苏明一样。

苏明刚刚结束了痛苦的大一生活。对于别人来说,上大学是件多么令人羡慕的事情,可是对他而言,却是万分痛苦的。上大学之后苏明才发现自己并不适合集体生活。

宿舍同学用电脑到很晚,虽然戴耳机,可是微弱的令人厌烦的QQ来电声响使苏明很难入睡。实在忍受不了,苏明便告诉他们把声音关掉,而且每次说完他都很自责。夏天炎热,苏明的日子更难过了,他曾经彻夜难眠。当苏明困倦的时候,同学们开着电脑玩,凌晨大家都睡觉的时候,苏明又不困了。彻夜未眠的苏明看着太阳渐渐升起,眼泪止不住往下流。

长期失眠的困扰让苏明整天无精打采、头痛、眼睛睁不开,甚

第四章
路过的都是风景，留下的才是人生

至绝望。他害怕夜晚的到来，害怕回宿舍，和宿舍同学的关系也不太融洽。尽管学校距离家很远，有时为了睡一个好觉，苏明不得不坐车3小时赶回家。连续3个月的失眠，苏明对大学生活绝望了。

看了苏明的故事，让人忍不住为他忧心。失眠是一件多么可怕的事情，它几乎会改变人的心理状态，以及每天生活的节奏，让人陷入烦躁和痛苦之中。

每天，我们有1/3的时间都在睡眠。专业医生建议：一个人每天必须要保证六小时的睡眠。只有这样，第二天才能精神百倍地去学习、工作。

如何获得良好睡眠？可以试试以下几点。

想安稳地睡一夜，首先，必须要有心理安全感。托马斯·希斯洛普博士说过："根据我这么多年行医的经验发现，使人快速入睡的最好办法之一就是祈祷。对于那些有祈祷习惯的人来说，祈祷一定是镇定思想和神经最恰当也是最常用的方法。"

其次，芬克博士还推介了一种方法：把枕头平放在膝盖以下，从而减轻两脚的紧张感，然后再把几个小枕头垫在手臂下。最好让下颌、两个手臂还有两腿都放松，我们就会在还没有弄清楚是怎么回事之前已经安然入睡了。

此外，著名作家西奥多·德莱塞也提出了一种很好的治疗失眠症的办法，那就是使自己的身体大量运动到疲倦不堪的程度。我们可以去工作、劳动、运动。当西奥多·德莱塞还是一个为温饱问题挣扎的年轻作家时，他也为自己的失眠症而忧虑过。于是他就到纽

约中央铁路专门找了一份铁路工人的工作来干。在做了一天打钉和铲石子的工作后,他就疲倦得几乎没有办法坐在那里把晚饭进行到底,睡眠质量有所提升。

当我们得不到高质量的睡眠时,请不要忧虑,不妨试一试上述几种方法。我们只有正确对待失眠,告别忧虑,才能静心享受每一天的生活。

第五章

心境的控制是人的最高境界

生活是否美好,不在于其本身,而在于我们每个人的心境。当我们用消极的眼光看待周围的事物时,那么一切都是黯淡无光、令人厌恶的;当我们用积极的眼光看待周围的事物时,那么一切都是神采奕奕、令人欣喜的。因此,我们应该让自己变得积极起来,偶尔消极时,要学会踮起脚尖,触摸一下心中的阳光。

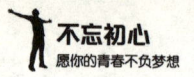

学会微笑面对生活

大作家周国平曾说:"人生在世,免不了要遭受苦难。"所谓苦难,是指那种造成了巨大痛苦的事件和境遇。它包括个人不可抗拒的天灾人祸,如遭遇乱世或灾荒、疾病,也包括个人在社会生活中的重大挫折,如失恋、婚姻破裂、事业失败。

有些人即使在这两方面运气都好,却也无法避免一切人迟早要承受的苦难——死亡。是的,每个人都必须忍受折磨,它或许会使人恐慌、恼怒、意志消沉,而那些能够笑对苦难的人,他们有改变生活的力量,是成功和幸福眷顾的人,也是能够拥有快乐的人。

但华香在她二十几岁的时候便开始创业,她成立了脑盟企业快乐高尔夫,并一手组建了上海第一支女子高尔夫球队、中国第一支高尔夫模特队。

回首自己的创业路,与别人一样充满艰辛,但华香却从不抱怨,总是微笑面对,有着与其年龄不相称的豁达平和。她说是内心的力量支持自己一路走过来,不要把打击和失败看得太重,这样才能

第五章
心境的控制是人的最高境界

"轻装上阵"。

初创时期，公司在一个项目上损失了几十万元，许多员工打退堂鼓。那天晚上，她一个人在公司工作到凌晨2点，重新做了一个项目方案，并打印好放在每个员工的案头，附上一张小纸条，上面写着：我不喜欢在阴影里滞留太久。明天又是新的一天，我们一切从头开始。

无论成功和失败，但华香脸上总是挂着真诚的微笑，当然，那些面含微笑、眼睛有光彩的应聘者也是她招聘的主要对象。她说："发自内心的微笑是心态和心胸，创业最大的收获是良好的心态，不生气不抱怨，能够很平和地对待挫折。周围人觉得你性格好，和你在一起感觉舒服，你的人缘就会好，做事也会事半功倍。"

但华香还说："女人尤其容易情绪波动，必须学会把情绪成本控制到很低，让自己的身体少受伤害。不要把一切看得太重，年轻女孩子，要有定性和悟性，给人可靠的感觉。事业和感情方面都是如此，谁也不喜欢和'愁眉苦脸'的女孩在一起，无论她有多漂亮。"

人无完人。每个人都会有成败得失，一切不要看得太重。希望大海风平浪静，却常常有狂风和恶浪；希望江河一泻千里，却常常有漩涡和急流；希望生活美满幸福，却常常有悲伤和忧愁。可见，人生旅程并不是一帆风顺的，逆境、失意会经常伴随着我们，但人性的光辉往往在不如意中才显现出来。在逆境中要学会微笑，带着一颗积极向上的心，我们才会离成功更近。

百糖尝尽方谈甜，百盐尝尽才懂咸。没有经过生活，又怎会理解生活的艰辛；没有经过真正的痛苦，又怎会懂得选择快乐的角度。

当我们笑谈生死时,我们是否真正懂得看破的意境?当我们妄言快乐时,我们在生活中是否已然背起足够的痛苦?

或许很多时候,祸不单行,一旦遇到了倒霉的事情,霉运就会伴随着自己,真是"倒霉透顶"。其实,这种接连倒霉的情况是由于我们自己的心理障碍而造成的。如果我们一味地去怨恨、去发脾气,就会让自己陷入这种难以自拔的恶性循环当中。因此,在遇到一些困难时,首先让自己的心明朗起来,这样才能清楚地看到接下来要做的事,才能扭转不好的局面,从而向快乐的生活迈进。

在美国印第安纳州有一个普通的家庭,丈夫让·桑斯兰德是一名警官,妻子珍妮是小学教师,他们有三个可爱的儿子。这本该是幸福美满的一家,可霉运却接踵而来。

1966年夏天,医生告诉让和珍妮,他们3岁的二儿子吉弗得了白血病。他们在震惊、痛苦之余,竭尽全力要为吉弗创造幸福,可是却于事无补。1967年11月的一天,让和珍妮最后一次带吉弗走进了医院。在病床上,吉弗在父母的陪伴下走完了他4岁的一生。就在这一天,人们发现他们3岁的小儿子麦克后背上有一个硬块。三个星期后,麦克做了癌瘤切除手术。

1973年,他们的大儿子斯蒂夫已经13岁了。在一次足球赛上,他扭伤了左腿,经检查,意外地发现他已患上恶性骨癌。在父母伤感的目光中,他送走了自己那条跑跳了13年的左腿,换上了冰冷的假肢。

1975年夏天,让在一次全家野营时突然感到头晕,经检查他患了脑肿瘤。全家人都鼓舞他,斯蒂夫说:"你又将获得一次成功,爸

第五章
心境的控制是人的最高境界

爸！你将面对一次新的挑战！"让笑了，在国家癌症研究所中，医生把让的肿瘤完全取出。

然而，生活依然阴暗，14岁的麦克癌症复发。"我要和它斗争到底！"酷爱运动的麦克发誓说。1980年4月1日，医生用钢条、塑料和一部分腿骨做成新的脊骨，替换了麦克的脊骨，手术持续了17个小时。

1981年春天，几乎在同一时间，让和麦克父子俩分别又进行了长达24小时的手术。6月里的一天，麦克在妈妈的怀里闭上了年轻的眼睛。两个月后，让在家人爱的亲吻中与世长辞。全家只剩下珍妮和斯蒂夫母子二人，可他们仍然笑对命运，在逝去亲人的祝福中努力地生活着。

1986年夏天，26岁的斯蒂夫已在一家大公司供职，并且刚刚通过律师资格考试。这时，他参加了公司举行的夏季棒球比赛，他担任接球手。他扔开拐杖，用一条腿蹦跳着接球时，忽然感觉头晕目眩，右半边身体失去控制，倒在球场上。诊断结果是他患上了和父亲同样的病——脑癌！而且医生发现，他的癌细胞已经转移扩散。面对绝症，斯蒂夫像父亲和两个弟弟一样，并没有伤心绝望，也没有抱怨命运的不公，而是决定要做生活的强者。

重重磨难在珍妮洁白的额头上留下了岁月的痕迹，但她依然笑靥如花，她对记者说："我经历了苦难却极有意义的一生，我有过那么好的丈夫，我养育了世上最棒的儿子。不管遇到什么噩运，他们都始终微笑如初，活得极为精彩！"

在让和麦克去世前的那一年夏天，桑斯兰德一家来到国家癌症

研究所,他们要协助科研人员探索癌症的秘密。科学家调查了桑斯兰德的家族史,发现从让的老祖母起,每一代中都有人死于癌症。研究人员认为,对这个家族的研究有助于破解癌症的秘密。桑斯兰德一家留下了大量的标本供医学研究,给全世界馈赠了一份宝贵的遗产。然而,他们留下的更重要的遗产是在面对死亡的挑战时所表现出的勇气和力量,以及那种乐观向上的生活态度。正如斯蒂夫所说:"我的一生都在向霉运挑战,生活的意义在于一个人生活的质量,而不在于他生存的时间。"

在苦难面前,有的人选择了抱怨、愤恨、恼怒,而有的人选择了微笑。一味地抱怨和生气对于解决事情是毫无益处的,还会让我们变得更加痛苦,而如果微笑面对这些苦难,我们的心中就会多一些快乐的因子。

在坎坷的人生道路上,让我们把磨难当作生活中的点缀,把挫折当作人生的调味品吧,让我们始终保持着微笑,迎接生命中的每一天,这才是快乐的真谛。

第五章
心境的控制是人的最高境界

把烦恼关在屋门之外

美国著名作家马克·吐温说过:"烦恼忧愁是伤人的病菌。它会吞噬你的优势,而留下一个像废品一样的垃圾。"一个把大量精力耗费在无谓的烦恼上的人,他是不能尽量发挥自己固有能力的。世界上能够摧残人的活力、阻碍人的志向、减低人的能力的东西,莫过于烦忧这一毒素。

试着忘掉一切所谓的不幸。不幸是一笔财富,是一种磨炼。

在生活中,每个人都可能遇到这样或那样的不幸或痛苦,诸如亲人不幸死亡、朋友分手、婚姻破裂……一定要知道,这一切对于你都不重要,都不会构成致命的创伤。

最致命的创伤来自我们的心灵深处,是心境导致的绝望。只要我们放弃绝望的思想,朝着一个好的方向思考,那么一切都会豁然开朗。

著名的哲学家苏格拉底还是单身汉的时候,与几个朋友住在一间只有七八平方米的房间。他一天到晚总是乐呵呵的。有人问他:

"那么多人挤在一起,连转个身都难,有什么可乐的?"苏格拉底说:"朋友们在一起,随时都可以交换思想、交流感情,这难道不值得高兴吗?"

过了一段时间,朋友先后都成了家,一个个搬出去了,屋子里只剩下苏格拉底一个人。每天,他依然开心。那人又问:"你一个人孤孤单单,有什么好高兴的?"苏格拉底说:"我有很多书啊。一本书就是一个老师,和这么多老师在一起,时时刻刻都可以向老师请教,这怎么不令人高兴呢?"

几年后,苏格拉底也成了家,搬进了一座楼里,这座楼有六层,他家住一楼。一楼不安静,不安全,也不卫生,上面老乱扔东西下来。可他还是一副喜气洋洋的样子。那人又问他:"你住这样的地方,也感到高兴吗?"苏格拉底说:"你不知道住一楼有多少妙处啊。比如进门就是家,不用爬楼;搬东西方便,不用花大力气;朋友来访,不用四处打听……这些妙处啊,简直没法说。"

过了一年,苏格拉底把一楼让给了一位腿脚不方便的朋友,自己住到了六楼。六楼又晒又冷,爬起来还累,但他依然快快活活。那人不解地问:"住顶楼有什么好处?"苏格拉底说:"好处多哩。如每天下楼可以锻炼身体,看书时光线好……"

后来,那个人又问苏格拉底:"你总是那么快乐,可我却感觉到你每次所处的环境并不那么好啊。"

苏格拉底说:"决定自己心情的,不在于环境,而在于心境。"

是啊,其实快乐无处不在。但因为每个人看问题的角度不同,思考问题的出发点也不同,那么得到的结论也就不尽相同。如果你

第五章
心境的控制是人的最高境界

选择的是快乐，那么快乐就会围绕在你的身边；如果你的眼里只看见烦恼，那么烦恼就会越来越多，直至最后让你窒息。快乐是过一天，烦恼也是过一天，为什么我们就不减轻生命的负重，轻松快乐地生活呢？

一个人在森林中漫游时，突然遇见了一只饥饿的老虎。老虎大吼一声就扑了上来，他立刻用最快的速度逃开。但是老虎紧追不舍，他一直跑，最后被老虎逼到了断崖边。站在悬崖边上，他想："与其被老虎捉到，活活被咬死，还不如跳入悬崖，说不定还有一线生机。"

他纵身跳入悬崖，非常幸运地卡在一棵树上。那是长在断崖边的梅树，树上结满了梅子。正在庆幸之时，他听到断崖深处传来巨大的吼声，往崖底望去，原来有一只凶猛的狮子正抬头看着他。狮子的声音使他心颤，但转念一想："狮子与老虎是相同的猛兽，被什么吃掉，都是一样的。"刚一放下心，他又听见了一阵声音，仔细一看，两只老鼠正用力地咬着梅树的树干。他先是一阵惊慌，立刻又放心了，他想："被老鼠咬断树干跌死，总比被狮子咬死好。"

情绪平复下来后，他看到梅子长得正好，就采了一些吃起来，他觉得一辈子从没吃过那么好吃的梅子。他找到一个三角形的枝丫休息，心想："既然迟早都要死，不如在死前好好睡上一觉吧！"于是靠在树上沉沉地睡去了。

睡醒之后，他发现老鼠不见了，老虎和狮子也不见了。他顺着树枝，小心翼翼地攀上悬崖，终于脱离了险境。原来就在他睡着的时候，饥饿的老虎按捺不住，终于大吼一声，跳下了悬崖。黑白老

鼠听到老虎的吼声，惊慌地逃走了。跳下悬崖的老虎与崖下的狮子展开激烈的打斗，双双负伤逃走了。

生命中会有许多险象丛生的时候，困难和危险像死亡一样无法避免。既然无法避免，不如放下心来安享现在拥有的一切，无意中就会享受到生命的甜果。

在漫长的人生岁月中，总会有一些不愉快，有一些烦心事，让人无端地烦恼。就像人吃五谷杂粮，总会有人生病一样，没有人能避开烦恼。烦恼无处不在，时不时侵扰人的心境。它能让快乐的人变得忧愁，让郁闷的人变得忧伤，让苦恼的人变得更加痛苦。

其实，让烦恼走开也很简单，那就是学会抛弃它！当烦恼涌来时，想一想能不能解决它。如果能解决，就要在第一时间解决掉，否则，烦恼会与日俱增。如果暂时不能解决，就正视它，勇敢地面对它，总会有解决的办法，不是吗？

生活中多是些鸡毛蒜皮的事，让人烦恼。不想听的事，就不要让它进入耳朵；不可避免地进入了，就要想办法把它过滤掉；无法阻挡地进入了，就要想方设法把它从记忆中抹掉。学会忘记，学会清理，学会整治，这样才能抛弃烦恼，大脑才能有更大的空间容纳更多开心的事，人才会快乐。

第五章
心境的控制是人的最高境界

乐观面对生活中的一切

哈佛教授亨利·霍夫曼说:"你是否快乐或痛苦,不完全取决于你得到了什么,更多的在于你用心去感受到了什么。"

苏珊娜是由情绪非常积极而且又非常善于解决问题的母亲抚养成人的。母亲有利于取得成功品质的熏陶,对苏珊娜的成长大有帮助。

苏珊娜刚刚4岁的时候,父亲就因心脏病去世了。当时,她的母亲只有27岁,带着两个孩子,又没有钱。突如其来的厄运给她的打击几乎是致命的,使她一度陷于绝望。但她终于重新振作起来,鼓足勇气活下去。

在苏珊娜的父亲死后的几年里,家里非常穷,怎样勉强填饱肚子都是母亲担心的事。可是,她的母亲没有为家境贫穷而烦恼,而是想办法去挣钱,在家里为一个当律师而雇不起全职秘书的邻居做打字工作。苏珊娜也找到一个贴补家用的门路,8岁的时候,就教邻居一些还没上学的孩子识字。那些孩子的父母很感激,便供给她食宿费用。

苏珊娜最敬佩的就是母亲乐观的情绪。她记得，如果遇到五件难题，母亲就会说："没遇到六件难题，这不是走运吗？"当时买不起汽车，母亲就说："咱们住得离公共汽车站这么近，难道还不满意吗？"过节的时候没钱给她买新衣服，母亲就用家里的旧衣服拼拼凑凑地做一件，然后就表扬自己的手艺好。苏珊娜有一次没被选上班干部，母亲说："好呀，现在有时间来筹划搞一次比较成功的竞选运动了，下次选举你一定能够当选。"

多年耳濡目染，苏珊娜也具有了积极的生活态度。凡是遇到困难的时候，她就以乐观情绪去对待，去战胜困难。母亲微笑的面容和充满鼓励的话，总是给她鼓劲，增加勇气。

牛顿说："愉快的生活是由愉快的思想造成的，愉快的思想又是由乐观的个性产生的。"的确，生活是你的一切，选择快乐还是痛苦都由自己决定。

要想赢得人生，就不能总把目光停留在那些消极的事物上，那只会使你沮丧、自卑，徒增烦恼，还会影响身心健康。结果，人生就可能被失败的阴影遮蔽它本该有的光辉。

乐观是无形的，但它是有力量的，而且乐观的力量又是超乎想象的。乐观的人就是这样变通地看待生活和问题，他们总能在困难和不幸中发现美好的事物，向前看，相信自己。即使在乌云的笼罩之下，他们也会充满对美好未来的期待，跳动的心灵一刻都不曾沮丧、悲观。

第五章
心境的控制是人的最高境界

凡事都要往好处想

成功学大师卡耐基说:"如果我们有着快乐的思想,我们就会快乐;如果我们有着凄惨的思想,我们就会凄惨;如果我们有害怕的思想,我们就会害怕;如果我们有不健康的思想,我们就会生病。"这句话充分说明,境由心造,快乐的心境要由我们自己去创造。

因此,生活中,我们要学会凡事往好处想,这样你就会成为一个大度潇洒的人、一个善解人意的人、一个宽厚豁达的人、一个自信快乐的人、一个会爱护自己懂得尊重别人的人,你的生活也必定会其乐融融、快乐无比。

圣诞节前夕,甘布士欲前往纽约。妻子在为他订票时,车票已经卖光了,但售票员说:"只有万分之一的机会可能会有人临时退票。"甘布士听到这一情况,马上开始收拾出差要用的行李。

妻子不解地问:"既然已没有车票了,你还收拾行李干什么?"他说:"我去碰一碰运气,如果没有人退票,就等于我拎着行李去车站散步而已。"等到开车前三分钟,有一位女士因孩子生病退了票,

甘布士登上了去纽约的火车。

在纽约他给妻子打了个电话,他说:"我甘布士会成功,就因为我是个抓住了万分之一机会的笨蛋,因为我凡事从好处着想。别人以为我是傻瓜,其实这正是我与别人不同的地方。"

心境的好坏决定着你心情的好坏,而心情的好坏则决定着你的思想行为,思想行为决定着你的习惯,习惯决定性格,性格决定命运。这些都是人生命中重要的因素,有着不可分割的联系。凡事都往好的地方想,你自然会快乐如神仙,身体也会健康长寿。

凡事多往好处想,是对生活要始终保持一种淡然的心境,并不是消极的思想和处世之道。我们需要在乐观平静中,认真洞察自己所拥有的,然后总结经验,乐观进取,寻求更多更大的成功。

一个叫米契尔的青年,一次偶然的车祸,使他全身2/3的面积被烧伤,面目恐怖,手脚变成了肉球。面对镜子中难以辨认的自己,他痛苦迷茫。后来,他想起一位哲人说过的话:"相信你能,你就能!问题不是发生了什么,而是你如何面对它!"

他很快从痛苦中解脱出来,几经努力、奋斗,变成了一个成功的百万富翁。他不顾别人规劝,非要用肉球似的双手去学习驾驶飞机。结果,他在助手的陪同下升上天空后,飞机突然发生故障,摔了下来。当人们找到米契尔时,发现他脊椎骨粉碎性骨折,他将面临终身瘫痪的现实。家人、朋友悲伤至极,他却说:"我无法逃避现实,就必须乐观接受现实,这其中肯定隐藏着好的事情。我身体不能行动,但我的大脑是健全的,我还是可以帮助别人的。"他用自己的智慧,用自己的幽默去讲述能鼓励病友战胜疾病的故事。他走到

第五章
心境的控制是人的最高境界

哪里，笑声就荡漾在哪里。一天，一位护士学院毕业的金发女郎来护理他，他一眼就断定这是他的梦中情人。他把他的想法告诉了家人和朋友，大家都劝他：这是不可能的，万一人家拒绝你多难堪。

他说："不，你们错了，万一成功了呢？万一答应了呢？"

多么好的思维，多么好的心态！他勇敢地同她约会、求爱。两年之后，这位金发女郎嫁给了他。米契尔经过不懈的努力，成为美国人心中的英雄，成为美国坐在轮椅上的国会议员。

悲观的失败者视困难为陷阱，乐观的成功者视困难为机遇，结果就有两种截然相反的人生。生活不是缺少美，而是缺少发现。聋哑教育家海伦·凯勒曾说："心里满是阳光，你就永远看不到阴影。"只要凡事往好处想，内心便充满阳光。这种乐观积极向上的心态，会激发我们对成功的信心和希望，既便是身处绝境的情况下，也能以豁达开朗的心胸面对未来。

凡事要往好处想，我们就可以准确找到生活的角度，展示生命的风采。生命的过程中，有轰轰烈烈的伟大，有朴实无华的平凡，有义无反顾的执着，也有大起大落的悲壮。不是夏风，不必妩媚；不是冬雪，何必凝练？我们将守住自己情有独钟的那种生活姿态，那么又为何不往好处想呢？

唯有知足才能够常乐

作家毕淑敏曾说过:"幸福是一种心灵的感觉,是不可以通过指标数据去量化的。"我们开心的程度,跟拥有财富的多少是不成比例的。有的人家财万贯,但每天还是忧心忡忡;有的人并不富裕,但对生活充满了乐观自信,笑容时常挂在脸上。知足才常乐,所以为人处世一定要懂得满足,切忌贪婪。须知,并不是所有东西都越多越好,人们心中应该有个"度"。缩减自己的欲望,才能脱离苦难,获得长久的生命力。

当做到知足常乐的时候,我们就会变得和谐、平静、舒适、真诚,这是一种人生基本底色。当我们不分日夜,忙于对人生的追求、拼搏而彻底"找不着北"的时候,知足常乐便是平凡人生中最深沉的底色,它孕育的是情感的宁静与温馨,对于风雨兼程的我们来说,是最好的一个避风"港口"。休憩整理后,我们能够毅然前行,这来源于自身平和的源源不断的动力。

有这样一个故事。

第五章
心境的控制是人的最高境界

有位老人在自家的门口立了一个牌子，上面写着："本人愿意将自己唯一的一间房子送给他人。如有需要者，请求领取。"

过了几天，这个消息不胫而走。一天，一位富翁路过老人家门口，他看到这个牌子后，便走进了老人的家中。他对老人说："老人家，您好。我最适合领取这间房子了，尽管我应有尽有，但是我缺少的是恬静的生活。您的房子附近群山环绕，一出门便是绿色，周围的环境实在令人陶醉。这正是我理想中的桃源仙境。"

老人听后，瞧了瞧他，说："人要知足。你现在一无所缺，但是你缺少的是一颗知足的心。你已经有房子了，你还要这间房子做什么呢？这间房子应该属于知足的人。"

人的欲望永远不会满足，而正是由于这种不知足，才使得人们生活得不快乐。快乐是什么？快乐就是饥饿时的一块面包，是口渴时的一杯白开水。快乐是精神上的满足，那些无形的财富比有形的宝藏更能让人得到快乐。有资料表明：21世纪初期的美国人，收入比20世纪60年代增加了两倍，但感觉幸福的人的比例却下降了六个百分点。所以，财富并不能决定你开心与否，有时甚至还会成为心理负担。

快乐并不是拥有更多的物质享受，而是懂得享受已经拥有的一切。否则，即使我们拥有金山银山也难以有快乐可言。

从前有个国王，他拥有广阔的领土，无尽的财富，却整天都处在烦恼之中，几乎忘记了怎样去笑。烦恼的国王命令他的大臣们去寻找世上最快乐的人，解开快乐之谜，让他也能重获快乐。于是大臣们向四面八方奔走，寻找快乐之谜。

大臣们都是身居高位的官员，拥有令人羡慕的地位，但他们互相讨论过后，发现没有人觉得担任大臣很快乐：整天和公务打交道，为国王提出的各种要求而疲于奔命。

大臣们去访问了工人，工人们整天早出晚归，做着辛苦的工作，酬劳却不尽如人意，脸上净是疲惫的神色，同样也不快乐。

整天在田野中劳作的农民也同样有太多的烦恼，辛辛苦苦劳作，还要担心变化无常的天气，地里的收成也不能全归自己。

最后，大臣们重新聚集起来，经过总结，他们一致认为：世界上没有活得快乐的人。

就在他们回王宫的路上，看到了一个牧羊人，他穿着破旧的衣服，驱赶着羊群，嘴里哼着轻快的调子，一脸快乐的表情。

大臣们从没看到过有人像这个贫穷的牧羊人一样快乐，于是他们将牧羊人带到了国王的面前。

国王问牧羊人："我的子民，你快乐吗？"

牧羊人笑眯眯地说："我很快乐啊。"

国王激动地问他："快告诉我，你为什么会这么快乐？你拥有这世上最珍贵的财宝吗？你不必像我们这样日夜操劳就能享受生活吗？"

牧羊人说："不，陛下，我没有什么贵重的财宝，我需要工作来养活家人。"

国王很吃惊："那么你能不能告诉我，到底是什么使你的日子过得如此开心？而我，身为国王，却整天忧心忡忡，烦恼不断？"

牧羊人笑着说："我不知道您为什么烦恼，陛下，但我能够告诉

第五章
心境的控制是人的最高境界

您我为什么这样快乐。我身体健康，家人平安。我爱我的妻子儿女，爱我的亲朋好友，他们也同样爱我。我在美丽的草原上放牧，自食其力，不欠任何人的钱。这些就是我快乐的根源。"

国王喊道："幸运的人！你这顶破旧的草帽比我这顶镶满珠宝的王冠更有价值。你的草原给你带来的快乐要比我的王国给我带来的还多。如果人们都像你一样快乐，这个世界该是多么美好啊！"

牧羊人回答说："哦，陛下，这不是个难题，因为人总是想有多少快乐就有多少快乐，想要多快乐就能多快乐的。"

国王沉思了一会儿，绽开了笑容："你说得对，拥有的多不一定就是好的，拥有的越多，就越觉得不够，烦恼也就越多，而知足就能够快乐。"

国王让大臣们将这个道理写在书上，流传下去："活在世上本来就是一件值得高兴的事情，人们所有的痛苦和不快都是由其内心产生的。"

快乐其实可以很简单。身体健康，亲人平安，生活稳定，能够自食其力，家人朋友之间相亲相爱……最平凡的事物中包含着最温暖的幸福。

当然，知足贵在一个人能够看淡名利，凡事以诚待人，只有这样，才会真正体会到人间的温暖，才会感到生命的价值与意义。反之，一个将名缰利锁看得太重的人，眼中只有功名利禄的他会变得麻木不仁、唯利是图，虽然他物质上很富裕，但是他精神上是空虚无聊的，他的人生不会快乐。知足是一种不错的处世态度，常乐是人们悠悠释然的一种情怀，唯有知足者，方能成为常乐者。

停止抱怨,快乐生活

在生活中,常常听见有些人抱怨,为什么我长得这么难看?为什么今天天气这么糟糕?为什么我生活在这么贫穷的家庭里?为什么老天爷这样对我……为什么要抱怨这抱怨那呢?一个聪明的人应该明白:生活本来就不是事事如意,生活本来就不会十全十美,相反,起起落落、悲欢离合才是家常便饭。

俗话说得好:愁一愁,白了头;笑一笑,十年少。每个人的人生都不会是一帆风顺的,而正是因为有这些波折,才练就出异彩纷呈的人生。如果我们能常换个角度来看问题,可能就会发现原来自己的人生很精彩。虽然我们不能改变容颜,但是我们可以放纵自己的笑容;虽然我们不能改变天气,但是我们可以改变自己的心情。

安徒生童话里有这样一则故事。

有一对老夫妇,他们一贫如洗,家里唯一值钱的东西就是一匹又瘦又老的马。这天,老头牵着马去赶集,想用这匹马换来一些有用的东西。他先与人换得一头母牛,又用母牛换了一只羊,再用羊

第五章
心境的控制是人的最高境界

换了一只肥鹅,又用鹅换了一只母鸡,最后又用母鸡换了别人的一大袋烂苹果。

当他扛着大袋子来到一家小酒店歇脚时,遇上了两个英国商人。闲聊间,老人谈到了自己赶集的经过,两个英国人听得哈哈大笑,他们认定,老头子回到家准得挨自己的女人一顿数落,之后就是没完没了的抱怨。

老头子却不这么想,他十分坚定地认为绝对不会发生这种事情。于是,英国人就用一袋金币打赌,如果他回家没有受到老伴任何责罚,金币就算输给他了。三个人一起回到老头子家中。

老头子的女人见丈夫回来了,非常高兴,边帮他擦脸,边听他讲赶集的经过。老头子毫不隐瞒,全过程一一道来。老太婆津津有味地听着,每听老头子讲到用一种东西换了另一种东西时,她都十分激动地予以肯定:"哦,我们有牛奶了!""羊奶也同样好喝!""哦,不错,鹅毛一定很漂亮!""哦,我们有鸡蛋吃了!"

最后听到老头子背回一袋烂苹果时,她同样不愠不恼,大声说:"太好了,至少我们今晚可以吃到苹果馅饼了!老头子总是不会错的!"说完,她深情地吻了吻老头子的额头。结果,英国人输掉了一袋金币。

我们一定要记住:抱怨只能给生活笼罩上一层尘埃,这样的人永远得不到幸福。故事中的女人,一定认为马、母牛、羊、肥鹅、母鸡、苹果等东西都不及自己的老头子重要,如果因为这些东西就责骂和抱怨老头子,一定会伤了夫妻之间的和气,最后失去老头子,那么她的生活就会少了另一半,而她也会因此变得不幸福。正是因为她明白这个道理,所以她不但没有抱怨,反而因为自己的不抱怨而得到一袋金币。

尽管童话终究还是童话,现实生活中的确不会出现如此幸运的结局。但是,写这个故事的作者就是想通过这样一种方式来告诉我们一个真理——不抱怨的人生才更幸福。

生活没有一帆风顺的,因为经常遇到困难或者挫折,抱怨可能渐渐成了某些人的"例行公事"。抱怨的人不见得是"坏人",但可以肯定的是,这些人常常受人冷遇。他们抱怨有他们的理由,他们总是认为自己经历了世界上最大的困难,却忘记了听他抱怨的人也曾有这些经历。

一鸣是上海某家公司的一个部门经理。一年夏天他到南京谈生意,在中央门,他坐上了一辆出租车,要求到新街口。

上了车,他才发现和别的出租车相比,这辆车不仅外观光鲜亮丽,而且车内布置得十分雅致,让人看了就很舒服、很温馨。司机本人也要"正规"得多,尽管天气炎热,但仍然穿戴整齐。

车子发动之后,司机温和地问一鸣要不要开空调。司机发现一鸣似乎有点疲倦,又问他要不要来点音乐。等绿灯时司机又回过头来告诉一鸣,车上有刚买的现代快报和当期的杂志。最后司机甚至还问一鸣是否需要咖啡。

司机的"增值"服务很周到、很热心,一鸣有点不相信这样的事情会发生在自己身上。难道有什么不可告人的目的吗?但他从司机愉悦的表情里看出了真诚。

说实话,一鸣的这次行程并不是很开心,这个周末他早已和女

第五章
心境的控制是人的最高境界

朋友约好准备去旅行的,但老总的临时安排打乱了计划。从到南京开始,他就有点郁闷,不过因为这位司机的关系,他的心情好了很多。一鸣很好奇地问:"我感觉你的服务很周到,并且与众不同。你从什么时候开始这种服务方式的?"

司机温和地笑了笑,没有正面回答他的问题。他说:"我做司机快 10 年了,那时候还没结婚,因此收入不仅够温饱,而且能存下一笔钱。自从结婚以后,压力就大了,而且这两年经济形势也不好,收入也减少了,孩子要上学,老婆工作也不稳定,压力太大,活得非常疲惫和痛苦,因此我经常抱怨工作辛苦,觉得人生没有意义。但抱怨并没有改变我的生活状况,反而让心情变得越来越糟糕。那天,我送一位退休的大学教授到火车站,他看出了我的颓废。他说:'如果你觉得日子不顺心,那么所有发生的事情都会让你觉得倒霉;如果你换一种心态的话,也许生活就是另外一个样子了。你也不用活得这么痛苦,每个人都能在社会中找到自己的位置。'因此我相信,整天抱怨生活不如意,不但改变不了现实,而且会让自己越来越痛苦;人要快乐,就要停止抱怨,要改变自己。我想,也许我该改变一下生活方式了。我相信,我把我的快乐带给我的乘客的同时,我也会很快乐的。我也相信,我现在做到这些了。"司机的话,让一鸣感动不已。

一味地抱怨并不能改变现实,反而会使自己的心情越来越糟糕。刚开始的时候一鸣就是这样的心理,因而他闷闷不乐。相反,是司机乐观的生活态度感染了他。

过多的抱怨,不仅会让自己生活在痛苦之中,还会阻碍自己的发展。你想想，上班的时候，遇到点儿挫折便怪这怪那、怨天尤人、唠唠叨叨，自己的心情一团糟，还要消极地影响别人。谁愿意与这样的人交往呢？明白了这点，我们的心胸才会宽阔起来，也只有这样我们才能清醒地认识自我，不至于在路上被烦恼绊倒。如果清楚了这个道理，请现在就停止无休止的抱怨，也许，你的生活会是另一种状态。

你可以选择你要的人生，不过抱怨只会让事情更混沌。你可以选择早晚抱怨别人，也可以在觉醒后力图振作，它不一定是推翻过去所有的生活步调，它可以是一个当下念头的转换，或是一个行为的修正。不放纵自己的言行，让自己的善言善行慢慢变成良好的习惯，也许用不了多久，你就会发现，自己原来也是如此快乐。

第五章
心境的控制是人的最高境界

学会控制愤怒情绪

做人常有两种类型：一种是理智型，另一种是情绪型。前者能够控制住自己的情绪，冷静地处理所面临的问题；而后者则动辄愤怒，不计一切后果。实际上，我们每个人都避免不了动怒。愤怒情绪也是做人的一大误区，是一种心理病毒。也许你会说："是的，我也明知自己不该发怒，但就是控制不住自己。"若欲成大事，你就应该千万注意，力戒让愤怒情绪从身体中冲出来。

愤怒不会无缘无故地产生。愤怒是人们在经历挫折和不愉快后的一种天性反应，消极地对待与愿望不相一致的现实。事实上，极端愤怒可称得上是精神错乱。

只要你不去改正，你的愤怒情绪将会阻止你做好的事情。成大事者是不会让愤怒情绪所左右的。其实，并非人人都会不时地表露自己的愤怒情绪，愤怒这一习惯行为可能连你自己也不喜欢，更不用说他人感觉如何了。因此，你大可不必对它留恋不舍，它不能帮助你解决任何问题。任何一个精神愉快、有所作为的人都不会让它

跟随自己。

一家意大利餐馆内，一位先生和一位小姐坐在一起，看得出来，他们正在热恋，非常幸福、甜蜜。当服务员端着咖啡走到那位小姐身边时，不小心把咖啡溅到了小姐的衣服上。看到自己崭新的衣服被弄脏了，小姐马上火了，在餐馆里大喊大叫起来。服务员赶忙向她道歉，但是小姐不依不饶，斥责的声音反而更大，甚至还说出了一些难听的话。

女人的举动，吸引了餐厅中很多用餐人的目光。从他们的表情可以看出，他们很难相信这样一位优雅的小姐会在大庭广众之下大喊大叫，还说出一些难听的话。这位小姐的男朋友也很尴尬，脸涨得通红。后来，这位小姐拉着男朋友非常气愤地离开了餐厅。他们走了之后，很多人都在议论这件事，并且批评这位小姐的粗鲁行为。

自己的新衣服被人弄脏的确很让人气愤，但是她实在不应该在大庭广众之下大发雷霆，让自己的情绪完全暴露出来。在人们心目中，能够掌控自己情绪的女人才更淑女，也更让人尊敬。

愤怒是一种比较常见的消极情绪，它是人们对客观现实不认同的一种表现，或者个人的某些意愿一再受到阻碍时本能地产生的一种身心紧张状态。这种愤怒的情绪对人们的身心健康是十分不利的。

除此之外，愤怒情绪的展现，会在一瞬间大大扰乱我们的思维，给我们的生活、学习、工作均带来不良的影响。因此，当我们遇到不顺心的事情的时候，一定别忘了告诉自己：不要发怒，要控制愤怒情绪，做情绪的主人。

下面，让我们来看看肯特夫人的例子吧。

第五章
心境的控制是人的最高境界

肯特夫人经常和朋友大吵大闹,正因为这样,她失去了不少好朋友。每当这样的事情发生之后,肯特夫人就觉得非常后悔,但之后遇到这样的事情还是控制不了自己的愤怒情绪。

卡耐基先生给肯特夫人一些建议,他说:"当下次你想发脾气的时候,你停下来想一想下面三个问题:第一,是什么事让我大发脾气呢?第二,发脾气对我有什么影响呢?第三,还有其他的补救方法吗?当你想完这三个问题的时候,你的情绪就会稳定一些了,如果你再稍稍控制一下,你就能掌控自己的情绪了。"

肯特夫人按照卡耐基的建议去做了,确实大有长进,她已经不像以前那样爱发脾气了。因为她做出了改变,她的朋友也渐渐多了起来。

华莱士博士曾经这样说:"情绪不过是一种心理活动而已。"在遇到问题时我们不妨用卡耐基先生教给肯特夫人的方法,相信对控制自己的愤怒情绪会有意想不到的效果。

当我们生气的时候,可以试着转移注意力,这样也会有很大的收获。不管怎样,我们都不要再沉浸在那些消极的情绪之中了,完全可以做掌控情绪的主人。这样,我们才能获得真正的自由之身,从而生活得更幸福、更快乐。

宁静致远，走好自己的路

一位儒家学者说："不论水流如何湍急，只要心情宁静，就听不到水声；花瓣虽然纷纷谢落，只要心情悠闲，就不会受到干扰。"如能抱这种态度待人接物，那么身心该有多么自由自在。

有一句俗话叫"心静自然凉"，说明人在平静的时候，感觉应该是凉爽的。夏天人的心里为什么会感觉烦闷？虽然人的基础体温保持在37℃左右，但由于心不静，外在给人的影响就占了上风，所以会感到燥热。

可是，现实生活中，却有许多事让我们静不下心来。对金钱、地位的追逐，工作上的不如意，心理的不平衡，别人的闲言碎语，无时无刻不在影响着我们的心情，左右着我们的行动。其实，那么在意别人的评价，没有任何意义，只会影响自己的心情。

拿破仑在一次骑马打猎的时候，路过一条河，见有一个人失足掉水里了，那人在水里边扑腾着喊救命，神情极为凄切。

拿破仑没有采取直接去救他的方式，更没有在河边为他哭泣，

第五章
心境的控制是人的最高境界

反而从马上摘下枪,对着那人瞄准,很冷静地说:"我喊三声,你再不从河里边爬起来,我就开枪打死你。"他边说着,一枪打去,故意打在那人身边,溅起一串浪花。

子弹魔鬼般的呼啸让水里的人忘记了溺水的可怕,他使出全身的力气奋力地向岸边划,终于脱险。拿破仑看他已经没事,挂上枪,径直走了。

换了其他人遇见这样的情况,可能会下水救人。面对别人的质疑,拿破仑说:"河水并不深,看那人在水里扑腾的样子,他是有能力自己解决这个危机的。如果我去帮他解决了,他一辈子都会形成一种依赖。"

不依赖别人的评价,不等于不听取别人提出的正确建议。从不佳评价中发现自身的不足,可加以改善,完善自己。若真不是自己的原因,那么大可一笑了之,无须放在心上。因为我们是为自己而活,不是为了别人的评价而活。不被别人的评价所累,是独立、成熟的表现,也是勇敢、智慧的体现。女皇武则天留下无字碑,功过任由众人评说,就是最好的例子。做好自己该做的事,活自己的人生,这样的人生才会快乐。

改变这种状况的条件,亦须具有"不在乎别人"的那种定力,而这种定力,并非人人都能够做得到。有这么一则故事。

有一次白云守端禅师和他的师父杨岐方会禅师对坐。杨岐问:"听说你从前的师父茶陵郁和尚大悟时说了一首偈,你还记得吗?"

"记得,记得。"白云答道,"那首偈是:'我有明珠一颗,久被尘劳关锁,一朝尘尽光生,照破山河星朵。'"语气中免不了有几分

得意。

杨岐一听,大笑数声,一言不发地走了。白云怔在当场,不知道师父为什么笑。白云心里很愁烦,整天都在思索师父的笑,怎么也找不出他大笑的原因。

第二天清晨,白云实在忍不住了,去问师父为什么笑。杨岐笑得更开心了,对着因失眠而眼眶发黑的弟子说:"原来你还比不上一个小丑,小丑不怕人笑,你却怕人笑。"

白云听了豁然开朗。是啊,只要自己没有错误,笑又何妨呢?

我们中的大部分人,做人做事,哪怕是穿一件新衣服,说一句什么话,都会不自觉地考虑到别人会怎样看,总是尽量按照别人的期望去做。对于偶尔未能尽如人意的事情,或听到背后有人非议自己,就会耿耿于怀而不可终日。

一个人将生活的焦点和生命的重心放在看别人的眼光、脸色和喜恶上,千方百计去克忍自己、迎合别人,是件非常愚蠢的事情。且不说千人千性,众口难调,不可能满足所有人的要求,即使能,也会让自己失去生活乐趣和生命价值。

实际上,如果有 50% 的人对你感到满意,这就算一件令人愉悦的事情了。要知道,在你周围,至少有一半人会对你说的话提出不同意见。只要看看西方的政治竞选就够了:即使获胜者的选票压倒多数,但还有 40% 之多的人投了反对票。

当你认识到这一点之后,就可以正确看待他人的反对意见而不受其干扰,从而坚持自己的立场了。

丢失了自我,也就失去了平等自由的生活方式和人际关系。一

第五章
心境的控制是人的最高境界

些人在生活中之所以不被人们信任，就因为他们只是留声机和传声筒，而没有自己的灵魂。这种人往往是"轴承脑袋弹簧腰，头上插着风向标"。这样的人是可悲的。所以，我们一定不要做这样的人，要懂得为自己而活，跟随自己的心，走自己想走的路，这样的人生才能少一些压力与烦恼，多一些愉悦与幸福！

第六章

爱情似镜,你笑它也笑

　　爱情,是世界上最奇特的情感,也是最美好的情感。它让两个毫无关系的陌生人走到了一起,正因如此,它才那么令人陶醉。可是再美好的事物都会有另一面。我们在感受爱情甜蜜的同时,也必然会品尝到它带来的苦涩。爱情,就像一场多变的戏剧,我们身处其中,唯有正确面对,才能享受它所赐予的幸福。

等待，有时是一场酷刑

若我们深爱一个人，就要学会阻止自己，不要把他当成全部，不要所有的话都跟他讲，不要所有的秘密都和他分享。因为投入越多，我们就会慢慢地忘记自己。没有自我的人，在爱情里是找不到自己的位置的，唯一的结局便是离散。

如果一段感情走到了末路，千万不要再固执，不要再一意孤行，聪明的人要知道，体谅别人，珍爱自己。其实，放手代表的是一个人的自信程度。越能早放手的人越自信，越拖拖拉拉不肯放手的人越是不自信，因为他要把自己的价值放在对方对自己的认可上，而不是自己对自己的认可上。

因此，一个人越清晰地知道自己是什么样的人，就越能收放自如。我们爱过，没有遗憾；我们伤过，依旧勇敢；我们放手，最先释怀；我们原谅，就此解脱。

一位心理学家做过的一个表演，让在场的女生全都流泪了。她紧紧地抓住一个胖男生的后衣角，让对方往前跑，直至跑到她摔倒

第六章
爱情似镜，你笑它也笑

了之后又被拖着往前走。她就这样被拖着，嘴里还喊着："求求你了，别丢下我啊！求求你了，别丢下我啊！"这虽是个表演，但它直白地剖析了恋爱阶段的两性关系，一方已经没感觉了，可是另一方就是抓住不放手，仿佛自己全部的幸福都在被抓者的手里。被抓住的人因为内疚或者负罪感而不敢把离去的步子迈得太狠，亦步亦趋地回头观望着，唯恐对方做出出格的事令自己不安一辈子。于是，两个人都没有真正的幸福可言。

男人并不爱她，却贪恋她对自己的好，舍不得放手。在女孩伤心得要离开他时，他很暧昧地对女孩表白："我是喜欢你的，你等我，我会慢慢爱上你的。"

当女孩爱上男人时，如一朵蓓蕾，拼命盛放着自己的热情与爱。以前十指不沾阳春水的她，在认识了男人后，洗衣、做饭、煲汤，竟样样精通。

女孩傻傻地等着。她明知道这场爱未必有好结果，却又抱了希望。因为他对她的态度，不是疏远。他坦然地接受着她的好，偶尔会回报她，陪她看电影，请她吃饭，买小礼物送她，只是不说爱。女孩这一等，就是五年。这期间，男人从不曾间断与别的女人往来。女孩暗自宽慰自己，他那是逢场作戏，他喜欢的还是自己，终究会爱上自己。

可是，某天，男人突然告诉女孩，他要跟别的女人结婚了。大红请柬递过来，男人若无其事地邀请她："一定要来参加我的婚礼啊。"

女孩哭得梨花带雨。她对他说："五年啊，我等了你五年啊！"

另一个女孩，也是这般的痴傻。她和一个贫穷男孩相爱，许诺过生生世世。男孩突然不安于贫穷，执意要去远方淘金，她只得送他走。临别，男孩说："你等我，等我三年，我会买大钻戒回来娶你。"

女孩苦等。一年，两年，三年，男孩没回来。男孩说："你再等我三年，我一定赚了大钱回来娶你。"

又是三年。男孩回来了，身边却偎着另一个女人，女人的肚子里已怀了男孩的骨肉。男孩拿出一笔钱来给女孩，说："对不起，我不能娶你了，我爱上别人了。"

轻浅的一句"对不起"，让女孩六年的青春付之东流。午夜梦回，泪水多少次打湿她的枕巾，青春却回不来了。

爱情中，谁会为你虚位以待？王宝钏苦守寒窑18载，等回薛平贵，可他早已背叛了他们当初的爱情，娶了西凉国公主为妻。即使后来，他封她为正宫皇后，也不过是一份怜悯的赏赐，已与爱情无关。在被接进薛府18天后，她就魂随风去，香消玉殒。

所以，聪明的人千万不要太过痴情。要知道，在爱情中，没有谁会为你虚设席位。爱就是爱，不爱就是不爱。爱你，就跟你在一起，无论欢喜愉悦、痛苦悲伤，你们都会一起面对和担待；若是不爱，就请他走开，不要白白浪费自己大好的青春时光。爱情，本就是这么纯粹而简单的事。

棠景是个痴情的女孩，上大学的时候她爱上了同校的江滨。为了赢得江滨的好感，棠景帮江滨洗衣服、买生活用品。江滨每次参加校内的篮球赛，棠景都会去看。虽然江滨告诉棠景自己还不想恋爱，但棠景相信，只要自己真心付出就能等来江滨的爱。

第六章
爱情似镜，你笑它也笑

离开学校后，江滨在市内一家公司做技术工程师。棠景为了能够和江滨在一起，毅然放弃了父亲在家乡为自己找的工作，而是在与江滨同一个城市找到了一份工作。她下班后经常去江滨单位附近等他，有时周末还主动煲汤给江滨送去。可是落花有意流水无情。

终于有一天，江滨告诉棠景，他有女朋友了。这个消息让棠景无法接受，她哭过、闹过，可事实终究无法改变。再后来，江滨与女朋友结婚了，棠景的希望彻底落空了，她带着满心的痛苦回到了家乡。

在没有江滨的城市里，棠景依然无法忘记这个自己深爱着的男人。无论谁给她介绍男友，她都断然拒绝……直到遇见了徐正。

徐正是个画家。棠景是在一家咖啡店里与他相识的。他们第一次见面的时候，徐正送了她一幅画，就是棠景在咖啡馆里沉思的一幕。那一刻，她突然感觉被关注是如此幸福……经过几个月的相处，棠景发现徐正和自己如此投缘，而且和他在一起的日子渐渐使自己忘记了曾经的不快乐。

男女之间的爱情没有输赢。追逐与被追逐是男女之间永远都演不完的戏码。当一段感情虚无缥缈、遥遥无期的时候，就放下吧，别再过分执着等待，让自己承受这场爱情酷刑。放手，其实是对自己的一种信任。当你相信自己无所畏惧、所向披靡的时候，你将能挥手告别过去的一切，找到真正属于自己的幸福！

相爱之人，要学会接受平淡

刚谈恋爱时，我们就像"打了鸡血"一样，拼精力让对方爱上自己，而这种努力常会随着两个人关系的稳定而逐渐弱下来。这时候，不是对方的爱减弱了，而是相互间的默契增加了。疲惫常常是一个人最安全时所表现出来的常态，再耀眼的人，也需要黯淡来休憩。如果对方对你黯淡，说明对方真的信任你，不要再要求对方也像对外界人士一样"强撑精力"地对你。如果我们总是在意这种变化，那么"三天一大吵、两天一小吵"的情况肯定会时时发生，这种争吵很有可能让相互之间的关系走到尽头。

我们总会听到这样的话："我们之间明明有爱，可为什么不幸福，甚至到了要分手的边缘？"爱情将两个陌生的人连接在一起，让他们体验新奇与美妙的情感真谛。随着时间的推移，所有激情又慢慢回归到平淡的生活中。面对柴米油盐等家庭琐事，两个人想要依靠"彼此相爱"的誓言将爱情生活长久地维系下去恐怕还不够，除此之外，还需要相互体谅、相互尊重。在这样的一个过程中，还需要我

第六章
爱情似镜，你笑它也笑

们能够接受一个东西，那就是"平淡"。再美好的恋爱也终究会融入现实的生活，失去曾拥有的激情和新奇。下面我们看这样一则故事。

一位少妇回家向母亲倾诉心声，述说自己的婚姻如何的糟糕，丈夫既没有钱又没有好的职业，生活太枯燥、太单调。

母亲听完女儿的抱怨，笑着问道："你们平时在一起的时间多吗？"

女儿说："每天都在一起。"

"当年，你父亲上战场，我每天都盼着他能早点回来，与他相聚。可是，盼啊盼，盼到最后拿到的却是一纸死亡通知书。你们多幸福啊，可以有这么多的时间厮守在一起。"母亲那铭刻着岁月沧桑的脸上滴下了承载着记忆的泪水。从她的话语和表情中，女儿仿佛也读懂了什么。

少妇向母亲诉说自己琐碎的婚姻生活如此枯燥乏味，她追求轰轰烈烈的人生，渴望丈夫永远充满魅力、与众不同。可是，她的抱怨声没有得到母亲的同情，而是让母亲觉得她很幸福。现实的婚姻是平淡的，但对于没能和其父亲长相厮守的母亲来说，这种能够每天在一起的平淡无奇的生活，就是人间天堂。

"忽见陌头杨柳色，悔教夫婿觅封侯。"唐朝边塞诗人王昌龄的这两句诗，淋漓尽致地描绘出了一个闺中怨妇的心情。与爱人分离的日子里，饱受着相思的煎熬，不管是欢乐还是痛苦，都没有人与之分享或承担，那种落寞和孤独也让她忆起了两人在一起相守的美好。很多已婚女子都曾有过这样的心情，她们沉浸在最初的那份激情中，不愿直面平凡无奇的生活。可是，如果有一天她们与自己的丈夫经历了分别,哪怕只是短短的几个月,她们就会理解故事中那位母亲的心情,也会懂得有一种幸福叫相守。

相识、相恋、迈入婚姻,双方同为一体,他中有你,你中有他。也正是因为彼此太过于熟悉,很多时候言语间都会有嘲讽,渐渐地敬意也就被忽略了。可是,一个人想要获得幸福,那么相互之间的敬意必须要保留,这种敬重并非彼此要做到有点呆板的相敬如宾的地步。爱情中的敬重,应来自彼此的欣赏,在多年的生活中不断地发现对方的优点,不断地欣赏对方的优点,并且不断地看到这些优点对爱情切切实实的作用,这才是两人生活健康维系的重要前提。

现代人生活在一个充分保有自我、强调个性的大环境中。我们可以看到身边有的朋友,爱情、婚姻不幸福,但并非是由背叛等原则问题引发的,更多的是由个性、脾气和生活细节的不收敛和不节制导致的,而这些不收敛和不节制正是因为没有把尊重对方作为共同生活的一个原则。

爱人之间应当相互尊重,遇到任何事情都要互相商量。在外人面前指责对方的不是,不仅伤了对方的自尊,也伤了彼此之间的感情。想要获得美满的爱情和婚姻,我们就该学会尊重对方。

两人相守,慢慢变老,看似波澜不惊、了无生趣,其实却是青丝白发里最浪漫的事。

结婚后,岑丽觉得和丈夫每天在一起缺少新鲜感,总为一些鸡毛蒜皮的小事吵架,不是埋怨丈夫把房间弄乱了,就是抱怨他整天打游戏。

后来,丈夫因公到国外进修一年,分离的日子让岑丽感到很孤独。那一年里,岑丽每天下班回家,都觉得房间里冷冷清清的。她开始怀念丈夫在家的日子,即便没有什么正式的话题可以聊,至少还能因为谁该洗衣服、洗碗而争执半天;即便丈夫坐在电脑旁打游戏冷落了自己,可至少还能过去捏他两把出一出气。过去那些看似很无聊、很烦恼的事,现在想起来却觉得很有乐趣。

好在一年的时间不算太长,当丈夫重新站在岑丽身边的时候,她忽然觉得自己如此幸福。自那以后,岑丽出门的时候总是和丈夫拉着手,这样的举动偶尔还会遭到朋友们的嘲笑,说他们"老夫老妻"太肉麻。可岑丽心里明白,她也是在经历了离别的煎熬之后,才领悟到平淡相依相守是种幸福。

世界上的爱有很多种,不是每份爱都是惊天动地的;即便是曾经再轰轰烈烈、浪漫非凡的爱情,当激情退却后,剩下的也只有周而复始的平淡。当你看到相互搀扶的一对老人在夕阳下漫步,一定能闻到幸福的味道。真正的幸福就是这样,平平淡淡,相互依偎,没有太多的言语,可他们脸上洋溢的微笑却是那样的幸福。

如果你能够怀着一颗尊重的心面对爱人,你会发现自己的内心是如此平静,不再总是抱怨,而是完全地接纳对方的一切,对方身上的那些"毛病"也不再会像刺一样扎疼你。心中没了怨气,才能有和缓的语调,才能有温柔的举动,爱才能得到正常的表达;而对方也会因为你的尊重,回报给你同样的尊重与爱。

每个人都渴望得到幸福的婚姻,但幸福的婚姻需要我们用心经营,除了平日里的体贴关怀之外,我们还要学会理解、学会尊重,更重要的是要学会忍受平淡。

彼此付出,才能成全爱情

在漫漫的人生长路上,爱情是每个人必须经历的一个阶段。爱情是美好的,只要彼此付出,就一定会有收获。古往今来,人们总是会感叹:"问世间情为何物,直教人生死相许。"爱情本就是奇怪的东西,让每个人都为它着迷,为之付出一切。

卡耐基曾经说:"人,在付出与索取之中维持着生命的平衡,付出与索取需要有着平等的关系。爱情就像是娇艳的花朵一样,需要浇水,需要养料,需要彼此的付出,一旦没有人照料,它就会很快枯萎。"

从一开始爱情便是两个人的事情,就需要有一定的付出。那么,爱情中的男女应该怎么做呢?

第一,学会付出才能索取爱情。

要想得到爱情,必须先学会付出。下面看这样一个故事:

沙漠中突然刮起一阵暴风,有个在沙漠中行走的人迷了路。他走了两天两夜,滴水未进,浑身疲惫。实在快撑不下去的时候,他

第六章
爱情似镜，你笑它也笑

眼前忽然出现了一个废弃的小屋。

看到小屋他非常兴奋，坚持着一步一步挪向小屋。小屋里面只堆了一些枯朽的木材。在他转遍屋子每一个角落后，意外地发现一座破旧不堪的抽水机。他心里激动地踉跄跑过去，抽水，却一滴水也抽不上来。他又失望了，颓然地跌坐在地上，却看见抽水机底下有一个用软木塞堵住瓶口的小瓶子，上面贴着一张泛黄的纸条，纸条上写道："你如果想喝水，必须把瓶子里的水倒进抽水机才能引水。还有，切记在你离开时，再将小瓶装满水。"

他拔下木塞，里面果真装满了水。他欣喜的同时又开始为难了，要不要把水倒进抽水机呢？如果不倒，他就可以把水喝掉，这样有可能活着走出沙漠；如果倒的话，恐怕这水会一去不复返。他的心里一直在挣扎着，不知如何是好……到底要不要冒险呢？还是自私一点？

最后他终于下决心了，用颤抖的手把小瓶子里的水一股脑儿地倒进抽水机。这时，奇迹发生了，抽水机里竟然冒出了大量的水……

他在喝足之后，按照纸上说的话，又把小瓶子装满，用木塞堵好。然后拿过那张旧纸，加上了自己的一句话：相信我，真的有用。

这个故事的寓意是，在索取之前，首先要学会付出。同样，在爱情的道路上，只有付出了才能得到更多。

第二，爱情需要两个人一起付出。

爱情并不是一个人单方面付出就可以的，而是需要两个人相互付出，任何一方付出太多，只会让爱的天平倾斜。只有一方在付出，而另一方没有付出只有索取，那么付出的一方终有一天会感觉很累、很无力，而且会因为付出得不到相应的回报而感到心酸。

真正的爱情，需要双方用具体的行动来细心呵护、相互理解、彼此关怀、坦诚相待；也需要双方能够荣辱与共、相互扶持，以不屈不挠、顽强拼搏、披荆斩棘的大无畏精神来共同面对人生成长的每一阶段。

从前，有一个养蚌人独自来到海边完成他的愿望。他的愿望是什么呢？就是想得到一颗世上最大最美的珍珠。他在海边一粒一粒地捡沙子，而且每捡一粒都要问沙子："你愿意和我一起走，变成珍珠吗？"可惜的是沙子都不愿意和他一起走，因为它们觉得如果跟他走，就会远离自己的亲戚朋友，远离家乡；更可怕的是要住在蚌壳里，见不到阳光雨露、明月清风，周围一片黑暗，甚至没有空气去呼吸，会孤独地度过很长时间。

养蚌人在海边选了一天的沙子，却没有一粒沙子愿意和他走。正在他绝望的时候，一粒最小的沙子突然说愿意跟他走，因为养蚌人的坚持精神感动了它。其余的沙子纷纷笑它是个傻子，明知道跟养蚌人走会是什么下场，它还愿意去。

小沙子不管别人的嘲笑，依然坚持了自己的选择。回去后小沙子一直住在蚌壳里，几年过去后，终于变成了一颗又大又明亮的珍珠。而那些嘲笑它的沙子们，却仍然是一堆沙粒，有的已被风化成土。

小沙子变成了晶莹剔透、价值连城的珍珠，养蚌人也得到了他想要的艺术珍品和巨大财富，这正是他们都懂得付出才得到的回报。

而那些不懂得付出的沙子们,它们依然是一堆无人问津的沙粒,无论如何也变不成珍珠。

恋人之间的爱情也是如此,需要双方彼此的付出,才能让他们的爱情之树永葆青春。甜蜜的爱情是每个人都希望得到的,而能和自己心爱的人在一起付出、一起分享就是最幸福的事情。

当相爱的两个人都白发苍苍的时候,两位老人拉着对方的手,回想起一起走过的岁月,他们会笑着说:"我的世界,因为有你,我感到很知足、很快乐、很幸福。"这该是一件多么美好的事啊!其实爱情并不需要太多的甜言蜜语,更重要的是彼此真心付出。

生活中,多为对方想一想,多给彼此一点关心。既然相爱,为何还要因为一时的不快而伤害对方、伤害彼此的感情呢?学会谅解,学会宽容,这样两个人的心才能紧紧贴在一起,才能建立起永恒而美好的爱情。

不爱就不爱,潇洒说"拜拜"

每个谈过恋爱的人都知道,并不是所有的恋爱都会花好月圆。恋爱双方在感情发展的过程中,或因性格不合、志趣不投,或发现对方身上有自己无法接受的致命缺点,或一方移情别恋,或双方都感到彼此间的感情已成为一种负担等,都会导致恋爱失败。

遇到类似情形,如果非要强撑着把感情继续下去,无论对谁都是一种痛苦。当"分手"已经不可避免时,勇敢地说分手才是明智的做法。既然无缘相伴终生,就应心平气和地分手,梳理心情,重新开始。

如果你遇见一个不错的人,长相很不错,内心更善良,对你也好得没话说。你们是朋友眼中最搭调的一对,你也是令朋友羡慕万分的那一位。但就像鞋子穿在脚上,合不合适,只有自己知道。其实心里很清楚,你已经不爱他了,或者说没有那么爱了。当你向朋友抱怨时,他们会告诉你这是一个多么优秀的人,他为你付出了多少青春,你怎么可以抛弃他。你也觉得愧对他的付出,于是"分手"

第六章
爱情似镜，你笑它也笑

变得遥遥无期，所谓空壳的"爱情"成了一个不定时的炸弹，说不定哪一天就会害了对方、害了自己。

下面，我们来看看小吴的故事。

苏薇是一个十分漂亮的女孩子。在大学的时候，她就有众多的追求者，但她都不屑一顾。在快毕业的时候，她爱上了平凡的小吴。刚开始的时候，小吴的朋友都十分羡慕他，跟他说："这大美女在大学里可是谁都没看上，偏偏看上你了，你可要好好对人家呀！"小吴听了连连点头，心里高兴得不得了。

从那时开始，小吴对苏薇特别上心，每天早上都要给她买早餐，之后送她到上课的教室，晚上又带她出去吃饭，送她回宿舍。苏薇也很享受小吴对她的好，两个人之间甜蜜得不得了。可是后来时间一长，小吴就感觉到苏薇有着严重的公主病，什么事不依着她非要闹得鸡飞狗跳的，这让小吴很受不了。

小吴把苦恼跟朋友们说过几次，可是朋友们都说他："女人有脾气很正常嘛，你一个大男人还没这点儿包容心啊？人家可比你优秀，还不好好当宝贝捧着……"小吴想想也是，于是就一直忍了下去，就算有了说分手的想法，但是一想朋友的话，就把话给咽了下去。

后来，小吴毕业了，在实习单位遇见一个和自己情意相投的女孩，两个人就在一起了。可想跟苏薇分手的事，小吴迟迟没敢说。

终于有一次，小吴跟新女友在一起逛街的时候被苏薇撞见了。当时，小吴就愣了，自己还没开口，苏薇就朝他的新女友扑了上去，揪着她的头发大骂起来，小吴拉也拉不住，其他人也拉不住，最后只能报警处理了。

这就是拖着不分手的结果。其实，当一段感情已经没有继续下去的意愿时，就要果断说出来，千万别一拖再拖。时间可以抹平一切伤痕。

不过在说"分手"的时候，要注意把握分寸，既维护自己的自尊，又尽量避免给对方造成太大的伤害。要根据双方感情的发展程度和对方的性格特点来决定具体的分手方式，千万不要觉得，反正都要分手了，不必顾及对方的感受。

一旦说"分手"就代表两人感情的终结。因此，在分手之前，一定要把分手的原因说清楚，这样让双方的心里都清楚，免得留下遗憾或拖泥带水，纠缠不清。

下面我们来看一段恋人的"分手"对话。

王强："经过一个礼拜的深思和思想斗争，我决定和你分手。"

李莹："为什么？我有做得不对的地方，你说出来嘛，我可以改的，你总得给我机会呀！"

王强："你误会了，我并不是对你有什么不满意的。"

李莹："那你为什么说要分手呢？是不是你不喜欢我了，还是有什么人了？"

王强："不是的。我对你没有什么不满意的地方，更不是有别人追求我，而是通过这么长时间的相处，我发现我们的性格不合。你我都是那种十分要强的人，你知道的，两个太要强的人是不适合待在一起的，不经意间就会给对方造成很大的伤害。"

李莹："难道要强是错吗？我觉得女人应该要强一点才对。"

王强："我当然不是说要强是错，而是说，两个都很要强的人在

第六章
爱情似镜，你笑它也笑

一起不合适，因为都很要强，往往都会忽略一些东西。一次两次还行，时间久了，是很伤人的。比如说，上个月，我竞选公关部主任失败，你就一点都没有安慰我。"

李莹："那是因为我看见你没有什么伤心的表现，怕安慰你会伤害你的自尊心。"

王强："这就是问题所在，我虽然看起来很坚强，但内心却很脆弱，我需要有人关心，有人疼爱。或者说，我更需要的是那种被关注的爱，而不是我们之间朋友似的爱。"

李莹："这么说，我是真的一点机会都没有了吗？"

王强点了点头，接着说："我觉得像你这种性格，应该找一位善解人意的、体贴的男人，我也相信你一定会找到这样一个男人。"

在这段分手谈话中，王强提出了分手的原因——两人的性格不合，同时也暗示李莹再交男朋友时要多关心对方。这样既指明了分手的原因，又没有责备对方，即便是分手了，也会让李莹觉得王强通情达理。而且在谈话的结尾处，王强说，李莹一定会找到一位善解人意、体贴的男人作为终生伴侣，这实质上也是在劝慰对方不要太伤心，言语的分寸拿捏得十分准确。

有些人，明明想分手，却在面对对方的时候，不知如何开口，弄得自己十分痛苦。其实，长痛不如短痛。如果真的已经不再爱了，或者觉得两个人根本看不到未来，那么就该潇洒一点，跟对方说声"拜拜"。

真爱才是幸福的归宿

真爱是永恒的,它不会因时间的久远而褪色,而是像一瓶陈年老酒,越久越醇香。人间有了爱才有真情在,世界的每一个角落都不能缺少爱。爱是一个人生命中不可缺少的东西,有爱的人生命才会充满能量,才会有动力。

爱分为多种,至亲之爱、伴侣之爱、朋友之爱等,但无论是什么爱都必须真。唯有真爱才让人感觉温暖,才让这个社会温馨;唯有真爱才能长久,才能幸福。我们的爱情是不是美好的、甜蜜的,相当程度上取决于是否有真爱。那么,究竟什么才是真爱呢?

美国婚姻协会前任主席达波拉·迪图博士曾经在接受采访时说:"大多数人在向他人表达爱意的时候,往往是传达这样的信息,比如我想得到、我能从中得到满足、我可以利用,或者是为此感到羞耻。"然而这些爱都是典型的"假爱"。

所以,我们在接受一段感情的时候,一定要睁大自己的双眼,分辨清楚,这份感情到底是真爱,还是假爱,然后再决定要不要投

第六章
爱情似镜，你笑它也笑

人、要不要接受，否则吃苦受罪的是自己。

贝蒂是个漂亮迷人、思想前卫的女孩，喜欢刺激，渴望过那种天天都有激情的生活。因此，整天只知道上班、回家、干活的男人，她根本看不上眼。

一个周末的晚上，贝蒂独自一人来到了她常去的"零点酒吧"。她喜欢到酒吧，因为这里会让她觉得生活充满了激情。贝蒂要了一瓶啤酒，找了一个空位子坐了下来。正当她打算休息一会儿就去跳舞的时候，突然发现不远处有一位男士正默默地注视着自己。这位男士很英俊，也很有风度。贝蒂冲他点了点头，男子马上就走过来和她搭讪。就这样，两个刚刚认识的青年很快就熟悉起来。临分手时，男子还特意要了贝蒂的电话。

在接下来的几天里，贝蒂几乎每天都沉浸在惊喜与兴奋之中，因为那位男子向她展开了猛烈的攻势，不是给她送礼物，就是打电话约她吃饭。男士似乎是个诗人，因为他总是能说出一些让贝蒂高兴的话。最后，贝蒂终于决定和他结婚。

结婚的那天，贝蒂显得非常幸福，因为她似乎已经看到了婚后甜蜜的生活。她梦想着和丈夫每天都过着充满激情和刺激的日子，还梦想着可以去世界各地旅游……总之，她给自己以后的生活绘制了一幅美好的画卷。

然而，结婚以后，贝蒂却突然发现自己被欺骗了。原来，自己的丈夫并不是什么风度翩翩的绅士，而是一个喜欢吃喝嫖赌的无赖。他每天晚上都喝得烂醉如泥，回到家后连鞋都不脱就上床睡觉。他喜欢赌博，也因此输掉了很多的钱。可是，他不但不知悔改，反而经常和贝蒂要钱，如果贝蒂不给，马上就破口大骂。最后，贝蒂实在忍受不了这种折磨，和她的丈夫离了婚。

在追求爱情的过程中，女人一定要保持清醒的头脑，不要被一见钟情冲昏头脑。在决定接受一个人的时候，一定要把过程拉长，充分地了解这个人，看看他是否真的是你想找的那个人之后再做决定。

"爱是你我，用心交织着生活；爱是你和我，在患难之中不变的承诺；爱是你的手，把我的伤口抚摸；爱是用我的心，倾听你的忧伤欢乐。"熟悉的歌词唱出了爱的真谛。真爱是互相付出、互相包容、互相关心、互相爱恋；真爱是在一起时彼此感到快乐幸福，是"执子之手，与子偕老"；真爱是要有坚定的毅力来守候住这份情，不顾外力阻挠，依然保持着一颗不变的心。

在追求真爱的道路上，多少痴男怨女曾迷失了方向，总是在经历了风雨的洗礼之后，才能真正明白什么是真爱。

有一个这样的故事。两个年轻人结婚不到半年，女孩觉得生活很没意思，对两人相处感觉疲倦了，就跟男孩提出离婚。男孩沉默了很久说道："我怎么做才能让你留下来？"女孩慢慢地说："回答我一个问题，如果你的答案和我心里的一样，我就留下来。"女孩接着说："我非常喜欢悬崖上的一朵花，而你去摘的结果是百分百的死亡，你会不会摘给我？"男孩沉默了许久，说："明天早晨我给你答案吧。"

第二天早晨起来，男孩已经不在了，只有一张写满字的纸条压在她的枕下，第一行就让女孩的心凉透了："亲爱的，我不会去摘。请允许我陈述不去摘的理由。你喜欢用电脑上网聊天，却总把程序

第六章
爱情似镜，你笑它也笑

弄得一塌糊涂，然后对着键盘哭，我要留着手给你修理电脑；你出门总是忘记带钥匙，我要留着双脚跑回来给你开门；你酷爱旅游，却总在自己的城市里迷路，我要留着眼睛给你带路；每到冬天，你总是手脚冰凉，我得留着掌心给你温暖手脚。你总是盯着电脑，眼睛给糟蹋得不是太好，我要好好活着，等你老了，给你修剪指甲，帮你拔掉懊恼的白发，拉着你的手在海边享受美好的阳光和柔软的沙滩，告诉你每一朵花的颜色。所以，在我不能确定有人比我更爱你以前，我不会去摘那朵花。"

女孩的泪滴在纸上，抹掉眼泪，她继续往下看："亲爱的，如果你已经看完了，答案还让你满意的话就请开门吧，我正站在门外，手里提着你最喜欢吃的鲜奶面包！"

女孩哭着向门口跑去……

这个男孩对女孩的爱就是真爱，是平淡中的真爱，是细小事物中的真爱。其实，真爱一直在与我们同行，只是有时候，我们为了追逐那些得不到的或者一味沉浸在已失去的事物当中，忽略了现在拥有的可贵幸福。

在新浪微博上，有一个叫《因为爱情》的博文，被广泛转载和热议。很短的文字，同时配一张用手机在课堂抓拍的图片。文字如此说："中国科技大学一名教金属工艺的教授，快80岁了，每天带着他的老伴来上课。老伴患轻微痴呆症，他在台上讲，她就坐在下面，一脸幸福地聆听，有时她会站起来走到他面前，老教授经常一脸歉意地安排老伴坐下。一辈子的爱情……"图片显示的是一个瞬间：老教授正扶着老伴坐回座位。爱是最平常的一个字，又是最不

凡的一个字，爱是一生的功课。

真爱是一种从内心发出的关心和照顾，没有华丽的言语，没有哗众取宠的行动，只有在点点滴滴的一言一行中，你才能感受得到。发誓、许诺说明了它的不确定，永远不要相信甜蜜的话语，用心去感受吧！

两个人真爱是世界上最美妙的东西，就像一朵美丽的花朵，让人赏心悦目；就像一壶美酒，让人陶醉万分。真爱的力量是无穷的，可以抚平一切伤痕，可以打破重重困难。在爱情世界里，有了真正的爱才能享受其中的幸福。从现在开始，请学会珍惜身边的真爱吧，让真爱带你享受幸福甜蜜，让真爱成为幸福的归宿。

第六章
爱情似镜，你笑它也笑

爱情，要懂得珍惜

人生一世，有很多奇妙的缘分，让我们相遇，让我们相逢。"百年修得同船渡，千年修得共枕眠"，从这句话里，我们看出了夫妻缘分的难得和珍贵。人和人相遇，靠缘分；人和人相处，靠诚意；人和人相知，靠真心。

正因为人世间每一份缘分都来之不易，自当倍加珍惜。能跟自己的丈夫或妻子在同一个屋檐下生活，同床共枕，厮守一生，那是千年修来的、前世注定的缘分，你能不珍惜吗？在茫茫人海中，两个素不相识的生命邂逅与碰撞是多么的偶然和幸运，全世界有70多亿人，你们是彼此的几十亿分之一，难道不应该珍惜和尊重吗？

有个农夫养了一只羊，无论是下地干活还是到街上溜达，他都会牵着那只羊。每一次，都是农夫在前面走，羊在后面跟着。虽然羊的脖子上拴着一根绳子，但它并不反感，反倒是很乐意的样子。

后来，邻人对农夫说："这只羊肯定不是心甘情愿跟着你，是因为你用绳子拴住了它。"农夫不相信邻人的话，便把羊脖子上的那根绳子解开，丢开羊自己走了。那只被解开绳子的羊，看到主人离开了，连忙追赶上去，跟在他后面走。

这让邻人觉得很奇怪，他对农夫说："这只羊肯定是有灵性。你是从哪里买的？用什么方法让它愿意一直跟着你？"

农夫笑了笑说："它就是一只普通的羊。它愿意跟着我，是因为我每天都给它饲料和水草。拴住羊的不是绳子，而是我对它的关爱和照顾。"

羊对农夫的依恋是发自内心的，而不是靠绳子的捆绑被动地跟随着主人。如果把羊比作男人，那么牢牢抓住他的不是一纸婚姻，而是需要女人发自内心的真挚的爱。有爱就有回报，这是彼此的责任。

有统计显示，在人类社会这个大千世界里，一个人与另一个人相遇的可能性是千分之一，人与人成为朋友的可能性大约是两亿分之一，而人与人成为终身伴侣的可能性却只有十三亿分之一。可见，在浩瀚的世界，芸芸众生中，人与人结为终生夫妻是多么不容易啊。

人的一生是很短暂的，一定要珍惜感情、珍惜家庭。相知相许相爱，不仅仅是一种结果，更重要的是一种积极的、健康的，于生命和灵魂有助有益的过程。

这种过程就是珍惜，就是创造，就是永恒。所以，想有一个和睦的家庭，想要夫妻恩爱、永结同心，首先就应该珍惜感情、珍惜家庭和婚姻，创造夫妻恩爱。人的一生，相处时间最长、最亲近的莫过于夫妻之间了，从风华正茂的青年时代到老态龙钟的风烛残年，几十年的人生征途，风风雨雨，同甘共苦。家庭是社会最基本的细

第六章
爱情似镜，你笑它也笑

胞，也是一个人幸福的基础。夫妻恩爱，有助于事业有成、个人幸福，而且常常被人传为佳话；而夫妻不和，必然身心交瘁，令人引为憾事。因此，夫妻之间是否和睦恩爱对人生是至关重要的。

有人说爱情在尘世上走，犹如野马在草原上游荡，需要一条缰绳把它牵回家。或许是上帝偏心，或许是男人粗心，这根缰绳攥在了女人手上。上帝把世界交给了男人，把家庭交给了女人，好男人努力改造世界，好女人努力净化男人。对于一个女人来说，如果能够将婚姻驾驭好，这也算人生的一大成就。不过，驾驭并不是赶马车，只凭借鞭子和吆喝声让马车前进。鞭子无法驯服男人，刻薄的指责也只能让男人变得更冷漠，唯有爱才是真正能够拴住男人的缰绳。

素素和丈夫结婚15年了，两人恩爱如初。女友们见到素素，总免不了会说："你是怎么制服你老公的？他事业做得那么好，人长得也精神，一直对你死心塌地，真是难得！"听到这些话的时候，素素总是会心一笑，只有她知道是什么拴住了丈夫的心。

其实，就在素素和丈夫结婚的第三年，丈夫就有了外遇。那个女人是丈夫的初恋，当初她为了出国，不惜断绝两人的感情，跟随他人到国外陪读，无奈最终被人抛弃。丈夫对初恋的感情很深，于是在那个女人回国之后，他们重温旧梦。

就在素素准备"成全"他们的时候，丈夫却查出了睾丸癌。一场外遇风波因为突来的疾病平息了。一日夫妻百日恩，素素不忍心看到丈夫孤零零的一个人面对病魔，便决定要陪着他一起治病。幸好丈夫的病发现及时，治愈率很高，这坚定了素素的信心，更给了丈夫面对生活的勇气。

经过近两年的治疗，丈夫最终战胜了可怕的病魔。当医生告知他们这一喜讯的时候，丈夫突然在素素面前失声痛哭。他觉得自己对不起素素，而素素却宽容地原谅了他，因为她爱他，所以不离不弃。从死亡线上走过一遭的丈夫像变了一个人似的，他对生命表现出了从未有过的热爱与珍惜，立志要在自己工作的领域成就一番事业。

一转眼，十几年过去了，素素的丈夫已经有了一家属于自己的小企业。尽管工作很忙，应酬很多，但他每次出差回来都会给素素带一份礼物。外面的世界依然精彩，但他的心很平静，不会轻易地荡起涟漪，因为再美丽的风景也抵不过家里的贤妻，再诱惑的感情也比不过妻子的真挚之爱。

婚姻不是最牢固的绳索，素素和丈夫结婚后面临着第三者的危机。但是，素素用一颗诚挚的心和一份不离不弃的真情感动了丈夫，用爱换回了他的心，就如同一条无形的绳索，永远会在爱人受难的时候成为救命的稻草。

金无足赤，人无完人。人哪能没有缺点，哪能不会犯错。只有我们以宽容之心和理解之心去面对自己所爱之人的过错，才能和睦相处，相敬如宾，执子之手，与子偕老。爱是一生的心债，爱也是一种能力。爱一个人，首先要具备爱的能力和素质，这样才能给对方以实实在在的爱的感受。

心理学家指出，爱不仅仅是一种情感，它还是一种动力、一种艺术，具有爱的能力的人会永远充满活力和魅力，爱别人就意味着

第六章
爱情似镜,你笑它也笑

你有能力去帮助他、善于去帮助他。面对感情危机,我们必须反省自己,自己是否因缺少爱的能力而无法留住对方的心。

面对这个开放而多元化的社会,我们更要珍惜感情、珍惜家庭,学会在平凡的生活中创造快乐。有了平和的心态和积极的精神,就可以把单调的日子变成快乐的日子,就可以体会到幸福。鲁迅说:"爱情在于不断的更新和创造。"在提倡和谐社会的今天,每个人都应该做到家庭的和谐,真正珍惜感情、珍惜家庭。

幸福其实并不遥远,只要有一份爱的牵挂,便会有拼搏的动力。当我们总想着要为所爱的人做点什么的时候,我们的人生会因此而充实;当我们希望做得更好的时候,我们的人生会变得更加美好。

爱人之间摒弃猜忌，彼此信任

在生活中，无论是谁，一旦被多疑心理控制，便常常会自我孤立，敏感度骤升，情绪紧张。有的人甚至整日提心吊胆，小心翼翼，谨言慎行，害怕走近别人，也拒绝别人走近自己，更怕被别人拒绝。以至于有时一件小事，一个偶然的手势，一句无心的话，都足以让他们猜测不已、惴惴不安。

一个多疑的人，随时随地都会觉得别人正在注视着他，凡是别人所谈的话、所做的举动，都觉得是在针对他。多疑不但有害于生活和健康，并且更有损于自尊心。多疑，是一个人精神上的瘫痪。它好像是人身上的一颗毒瘤，稍不注意，就会流出毒液；一旦腐蚀思想，你就会丧失理智，以主观、片面、刻板的思维逻辑来主导自己的推理，毫无根据地进行判断。

吴浩无法忍受女友的多疑，女友总是对他的"涉外"活动疑神疑鬼，搞得他身心疲惫。天地良心，自己什么"违规"的事情也没做过，为何女友就是不相信自己呢？

第六章
爱情似镜，你笑它也笑

吴浩有个同学，前不久和女友分手了。本来这事跟他八竿子打不着，可同学前女友不知出于何故，从原单位辞职到他工作的那个厂上班。由于之前彼此熟悉，初来乍到的她自然跟吴浩接触多一些，一来二去，不想竟招来了不少闲言碎语。对此，吴浩付之一笑，别人不知道他和她之前的关系，对他和一个新来的女同事如此快地"打得火热"，产生自然联想应属"人之常情"。吴浩并不急于解释，否则，极可能会越描越黑，等真相大白之后，一切自有公论。

没等到公论的那一天，听到风言风语后的女友立即要求他说明情况。

吴浩告诉女友："她刚到我那里上班，除了我之外，一个人也不认识。不说我跟她前男友是同学，就是没这层关系，作为熟人在工作中给予帮助也是应该的。别人不知道我和她的这层关系，你还能不知道？"经他这么一说，女友不吱声了。

本以为风浪已过，不想波澜又起。一天晚上吴浩下楼扔垃圾，没带手机，恰巧同学的前女友发短信请他吃饭。吴浩的女友看到短信未加考虑即回复："你是男是女？"对方以为是吴浩，就回答："开什么玩笑，连我都不知道是谁了呀。"吴浩的女友追问："你是不是×××？"对方回答："是的，是的。别开玩笑了，在美食来饭店二楼，快点来，我等你。"就在这样的一问一答中，女友居然铁信他俩"有事"。

吴浩回来后，便被女友一通质问："你说没关系，可为什么她无缘无故地请你吃饭？"吴浩真是百口莫辩、哭笑不得，气急的他将女友也带去饭店，进门一看有一群人，女友不吭声了。原来是同学的

前女友请科室里的同事吃饭,当然包括吴浩。看到吴浩的女友,她忙大声招呼:"怎么到现在才来,快坐快坐。我好像还从没见过你呢,今天终于见到了。快来,坐下坐下!"说着,她一把拉过吴浩女友,亲热地聊起来。

吴浩强压怒火回到家,向女友下了最后"通牒",明确地告诉女友:"只这一次,下次再无中生有,咱们就彻底结束吧!"因为多疑,吴浩的这份恋爱已然亮起了红灯。

一个人一旦掉进多疑的陷阱,必定处处神经过敏、事事捕风捉影,对他人失去信任,损害正常的人际关系。两人之间,也许是人的劣根性作祟,谁都期望得到对方全然的信任,却不曾低头看看自己的心,是否真正相信过对面的爱人。所以,当你们已经相爱,就要对他信任,有什么想法就告诉他。任何一个人都希望他的爱人能够相信他。

相互信任、相互依靠的爱人拥有一种举世罕见的财富。正如一位女孩所说:"我男友十分信守承诺,我非常信任他。他绝不临阵脱逃,也不会给我留难题。他说几点到家,就会几点到家,如果有变故一定会给我打电话。我喜欢这样,这给我一种安全感,让我觉得跟他相处轻松自在。我们非常亲密,因为我们相互信任。"

在现实生活当中,爱人间会因一些矛盾和误会让彼此存在着或多或少的信任危机。生活中我们常见这样的情景:"你怎么总不接我电话,你是不是做别的事情去了?"联系不上对方的时候,语言里总是暗含着猜忌;有的人总不放心对方,怕对方在外面"花心",等到一有机会,就不停地检查对方的手机,用有没有陌生的电话号码

第六章
爱情似镜，你笑它也笑

和肉麻的短信来验证对方的清白与否；还有的人是当爱人与异性多说了几句话，在心中也会横生醋意，甚至满心愤怒，弄得双方都不愉快。

其实猜忌不过是自己的想象和揣测，也许完全不是事实。然而有时就因为自己的猜忌以致彻底毁掉了两人之间的幸福。

有一位爱吃醋的太太，每天丈夫回来，她就会查看丈夫的衣领、翻丈夫的口袋，看看有没有女人的头发和口红印……如果发现蛛丝马迹，她就会大哭大闹。

有一次，她连续找了一个星期都没有任何发现，结果她坐在椅子上痛哭。她的丈夫不解地问："你为什么哭？""我已经一个星期没有在你身上找到女人的头发了。"太太回答。丈夫纳闷道："那不是很好吗？为什么还要哭呢？"太太哭得更伤心了："没想到，你现在堕落到跟秃头的女人在一起了。"

这个故事听了难免让人觉得好笑，但笑过之后，是否会有所感悟呢？类似于这样的事情，是否也在你的生活中出现过？

因此，爱人之间无论怎样亲密，也应该有自己一定的空间。如果一味厮守，绝对占有对方的时间甚至思想，不能满足彼此单独活动的需要，无疑会伤害对方的情感。

不可否认，在猜忌中也可能有着真爱。但是，你若真正爱对方就要信任对方，这样的爱才显得更有分量。据调查，爱人间的猜忌，往往是因为双方缺乏信任。因此，当你与对方之间有互相猜忌的苗头时，你要试着给予对方更多的信任，给他更多的自由空间。这样，对方也就不会因为你的猜忌而恼火，相反，他会努力展示自己的清

白，用自己的行动消除你心中的疑云。时间久了，你们之间相互猜忌的矛盾也就解决了。彼此以心换心，完全信任对方，才能保持感情的历久弥新，达到相敬如宾、沟通无极限的至高境界。

但若是处理不好，猜忌便会迅速加剧你们两人之间的敌对情绪，破坏长久以来的和谐，伤害两个人的感情，拉开两个人的距离，加速爱情的毁灭，还会让第三者有了可乘之机。由此可见，摒弃猜忌，彼此信任是经营两个人感情的明智之举。作为一个聪明人，千万不能让无端的猜忌毁掉了两个人之间的感情，甚至是你的命运，那样是非常得不偿失的。要知道，保持和珍惜爱情是终身的事，而毁灭爱情则发生在瞬间。

在爱人之间有一股自发的内聚力，而猜忌正是对这种内聚力的破坏。要时刻牢记：信任是维系两个人感情的纽带，只有相信对方的人格，包容对方的缺点，把对方的命运真正与你的命运相结合，才能获得完全的信任。也只有完全信任对方，家庭才能稳定，幸福才会随之而来。

信任是无坚不摧的武器，可以为幸福打下坚实的基础。任谁想拆散，但只要双方之间的信任还在，彼此的关系就牢不可破！两个人之间如果没有了信任，就好像没有了楼房的骨架，只能面临着坍塌。

第六章
爱情似镜，你笑它也笑

爱情里，千万别计较太多

"我能想到最浪漫的事，就是和你一起慢慢变老"，当我们听着这首歌的时候，我们的心中充满着对爱情无限美好的遐想。我们都希望有个和自己厮守终身的爱人，一起慢慢变老、一起细数着青丝变白发、一起漫步夕晖枫彤，彼此之间的爱情天长地久、生死不渝。

"滚滚长江东逝水，浪花淘尽英雄；是非成败转头空，青山依旧在，几度夕阳红。"在朗读这首脍炙人口的诗词时，我们总是能想起与日月争辉的诸葛孔明。可能很多人无法理解，以他的聪明智慧，怎么会娶一个外貌丑陋的女人相伴终身呢？

三国时期，局势动荡，仁君、奸臣、勇将、谋士纷纷登台亮相，当然也不乏闭月羞花的美貌佳人。然而，谁也没有料到25岁的青年才俊诸葛亮却找了一个丑女结婚。

黄硕身体壮硕，人如其名，黄头发，黑皮肤，皮肤上起一些疙瘩，是河南名士黄承彦的女儿。诸葛亮需要的是一位才德俱备的贤

内助,而不是出身名门望族的美貌女子。

诸葛亮把黄硕娶回家门。他的邻居们以貌取人,不明就里地讥讽:"莫学孔明择妇,止得阿承丑女。"他们哪里知道,诸葛亮正是得其所哉,庆幸自己娶到了一位贤德的媳妇。黄硕不但是一个粗细活都能料理得干净利落的妇人,每当春花盛开或秋月皎洁的时候,也能出言不俗地与丈夫娓娓清谈。黄硕到诸葛亮家后,亲操杵臼,兼顾农桑,里里外外的粗活与琐事,都按部就班地处理得妥妥帖帖。诸葛亮自然是身受其惠。不只是诸葛亮本人受到了这个丑媳妇无微不至的照顾,就连他的朋友博陵崔州平、汝南孟公威、颍川石广元及徐元直等人,也时常在隆中诸葛亮的农场盘桓,受到这位嫂嫂亲切的接待,人人都有宾至如归的感觉。

久而久之,众人对诸葛亮的丑媳妇的态度逐渐改变,从漠视到重视,由重视而仰视。

诸葛亮这样的智者对幸福的理解,是年轻人选择爱人与追求幸福的一个范例。两个人相爱,应该相互理解、相互体贴,而不是相互指责、相互挑剔。

我们每个人都有不同的性格、爱好和经历,你不能以你的尺度去要求你的爱人。试图改变对方的人会活得很痛苦。顺应对方性格,因势利导的人,才是聪明的人。因为对方如果是谷子,收获的就是谷子;如果是玉米,收获的就是玉米。

有个人在即将死去的时候见到了上帝。他睁开双眼,眼睛里透出安详的目光,说:"我在尘世的日子已经到了尽头,可是我还没有享受到爱情的美好,那到底什么是爱情?"

第六章
爱情似镜，你笑它也笑

上帝思考了一会儿，笑着说："在你被死神带走之前，我允许你再活一天。但你得先去做一件事，在麦田里头也不回地走一次，在途中要摘一株最大、最好的麦穗，记住只可以摘一次！"

一天以后，上帝问他："你摘到了吗？"这个人摇摇头说："开始我觉得很容易，充满信心地出去，但是最后却空手而归！"

上帝继续问道："什么原因？"

那个人叹了口气说："很难得看见一株不错的，我却不知道是不是最好的，因为只可以摘一株，只好放弃，再往前走看看有没有更好的。直到已经走到尽头时，我才发觉手上一株麦穗也没有。"

上帝告诉他："这就是爱情！"

这个人若有所悟，原来自己这一生与爱情无缘，是因为自己对爱人的条件要求过于苛刻，却还浑然不觉。

现实生活中的很多年轻人何尝不是如此呢？总是高呼自己要寻找幸福，抱怨幸福与自己无缘，可是当爱情降临在他们身边的时候，却对爱人百般挑剔。

真正属于你的爱人，是和你心心相印的人。爱人的完美与否，只在你的心中，即使爱人不够美丽、帅气，也并不一定有温柔体贴的性格，更没有用之不尽的钱财，甚至满身的缺点。爱情的世界里需要谅解、需要包容，只要你不斤斤计较、不苛责于爱人，那么自然是幸福的。

第七章

谢谢自己够勇敢,一直陪伴你的是那个了不起的自己

  每个人都是从过往的时光中,一步步走来,成为现在的自己。那些过往中的点滴经历,都是促使我们成长的法宝,它教会了我们许多不曾懂得的道理。我们要怀揣感恩的心,回首那些过往,将它们所给予的一切都铭记在心底。

学会感谢那些羞辱你的人

羞辱,是每一个人都不想遇到的,但是那些成大事的人,却往往都是从羞辱中走过来的。这里,我们并不是在宣扬羞辱的经历是一个人成功的元素,我们要说的是,如果你不幸遭遇到了羞辱,那么不要觉得难堪,不要觉得抬不起头,要乐观地面对人生。羞辱可以锻炼韧性,可以成就强者。

悲观者把羞辱当成打击,乐观者把羞辱当成激励,两者不同的人生态度导致了不同的人生结局。尝试着对那些羞辱笑一笑吧,把它们带来的郁闷转化成强大的动力,用它们来推动我们前进的马达。

周星驰原来只是个毫不起眼的龙套演员。他性格内向,身材瘦小单薄,相貌又不英俊。显而易见,电影对于他而言是一份毫无前途的职业。可他无比热爱表演,梦想成为一个真正的演员。运气好的时候,他演的小角色会有一句台词,每逢此时他就兴奋不已,视为锻炼演技的好机会。为了尽量多演些角色,他不得不放下自尊,低声下气,时常跟在人家屁股后头求神拜佛,好话说尽。即便如此,

第七章
谢谢自己够勇敢，一直陪伴你的是那个了不起的自己

他的境况依然差劲至极，只能演一些死尸、路人甲之流的角色。

那是一个武侠电视剧组，他有幸获得了一个"士兵甲"的角色。按照剧情安排，他没有台词，一出场就被"打死"。可他太想在镜头前多留几秒钟，于是壮着胆子去找导演商量，并一脸认真地谈起了演技："导演，你看可不可以这样？让我先接对方一招再死，然后镜头给我一个特写，看到我表情痛苦地倒下，潜台词是：我不想死。"他连说带比划，为自己的创意感到得意。导演根本不认识他，先是一愣，然后情不自禁大笑起来，笑得眼泪都出来了，一边痛苦地捂着肚子，一边上气不接下气地说："哈哈，你真幽默……你不想死也得死啊……"这时，在场的人全都哈哈大笑起来。

他被那些人笑得心里直发毛，不明白自己究竟说错了什么，他们为何要大笑？可又不敢再开口询问，为了应付场面，他只好也陪着众人一起傻笑，心却在流泪！回到家里，委屈的泪水再也抑制不住，像决堤的洪水，把他冲进了自卑的深渊。是啊，区区一个跑龙套的竟敢在导演面前大谈演技，这不是关公面前耍大刀吗？难怪别人会笑掉大牙。

时隔不久，朋友给他引见了一个演艺圈的名人。那位名人那时已经红得发紫，派头十足，漫不经心地向他问了几句话。这是千载难逢的好机会，哪能错过，他丝毫不敢大意，毕恭毕敬，小心翼翼地一一作答，然后又大献殷勤，对那位名人说了不少赞美之词。那位名人心情不错，听了他的回答还算满意，就许诺今后有机会一定关照他。他满怀憧憬地转身离去，没想到，那位名人却指着他的背影对身旁的人说："这个人怎么像条狗一样？"话音未落，人群中立

即爆发出一阵刺耳的哄堂大笑。此时,他只走出了几步远,那句话听得清清楚楚,每个字都像一支利箭刺在心头,就算听见了又能怎样,他只好装着没听见,踉踉跄跄地走了。

最初的那段演艺生涯简直不堪回首,像这样的羞辱和打击,他不知经历过多少次。但他没有消沉,心中梦想从来没有放弃过,时刻暗暗激励自己:就算是别人把我看作一条狗,我也要做一条胸怀大志的狗。之后,他每天早上起床第一件事,就是对着镜子大声告诉自己:"努力!奋斗!"

皇天不负苦心人,十几年后,他终于功成名就,扬名天下。如今,那些曾经笑话过他的人都得尊称他一声"星爷"。

成名之后,有记者把这些轶事挖掘出来,问他对此有何感想,周星驰这样回答:"感激所有打击羞辱过我的人,是他们让我学会坚强,迅速成长,没有他们就没有我的今天。"正是这句饱含辛酸的话,支撑当年的"士兵甲"一路走到国际巨星,这就是周星驰成功的信念。

有时候,羞辱可以造就一股很强的动力,它通常可以支撑人们扫平一个又一个障碍,渡过一个又一个难关,它能将积极进取变成一种习惯,并将这种习惯变成为了远大的理想和抱负而拼搏的精神。凭借着这种精神,我们最终取得了成功。不过,我们在成功时,应该感谢那些曾经羞辱过我们的人,是他们的嘲讽、羞辱,让我们决心争气,给了我们拼搏的动力。

20岁以前的固特异,志趣既不在经商,也不在发明,而是想当一个传道士。后来由于家庭经济情况不佳,他的这一心愿没有能够

第七章
谢谢自己够勇敢,一直陪伴你的是那个了不起的自己

实现。

　　固特异辍学之后,极不情愿地帮着父亲开了一家五金店。后来这家小店在经济不景气的洪流中被淹没,只剩下一笔巨额债务。在当时的债主中,有一个制造小五金用具的商人叫柯斯瓦,他给予固特异的刺激最为深刻,他讨债的手段也最为恶毒。

　　事情的经过是这样的。有一天柯斯瓦去讨债,正好遇上固特异的父亲病得很厉害。柯斯瓦以为他是装病躲债,所以说的话越发难听了:"别说是你父亲病了,即使他马上断了气,你们今天也要还钱。"

　　"先生,"固特异哀求着说,"我说过,债务我一定想办法还。但请你给我一个期限,否则,逼死我们也没用。"

　　"期限?"柯斯瓦冷笑着说,"我记得至少缓过三次期限了。再说,今天不就是上次说的限期吗?"

　　"可是,家父病了,弄了一点点钱,全部看了医生。"固特异解释道。

　　"什么病了,分明是耍赖。"柯斯瓦厉声说,"我告诉你们,对付别人你们老来这一套,我不吃这个。叫你父亲出来,我今天非给他点颜色看看不行。"

　　"家父真的病得很厉害,"固特异说,"他两天没有下床了。"

　　"我不管他能不能动,他即使爬也要给我爬出来。"柯斯瓦铁青着脸说,"他当初赊我的东西时,说的话比蜜还甜,现在想逃避不见面?办不到!"说着,他的火气更大了,抛下固特异就向屋里冲去,想进屋把老固特异拖出来。固特异一看心头大急,蹿上去想把他拦住。可柯斯瓦不分青红皂白,三拳两脚就把他打倒在地。柯斯瓦觉

得这样还不足以泄愤，硬逼着固特异爬进屋里去。

这次羞辱，并没有让血气方刚的固特异在怨恨中过活，他发誓要从事一项能赚大钱的职业，给自己和父亲争口气。从那之后，他开始不断努力，在多年之后，他借了一笔钱设立了一个专门研究橡胶产品的工作室，开始专心研究。

1844年，已经44岁的固特异终于以高温加硫磺处理橡胶的程序获得了专利权。这一实验的成功，成为美国橡胶工业时代的一个起点，对固特异来说，则是困苦生活的结束。此后，固特异又发明了很多橡胶产品，为美国橡胶工业打下了深厚的基础。

面对别人的羞辱，是隐忍、抱怨、消沉、报复，还是立志做出一番事业来让羞辱自己的人看一看？固特异选择的是后者。因为他清楚地知道，抱怨不能解决任何问题，只有自己争气做出一番事业来改变现状，才是最明智的做法。正是这种争气的想法，使得固特异勇于面对任何失败和困难，不达目的不罢休。

固特异的成功固然是因为他的不懈努力，但当初如果没有柯斯瓦恶毒的刺激，他渴望成功的愿望可能不会这么强烈，追求成功的动力也不会这么强大。所以，在生活中，如果我们遇到羞辱自己的人，不要争一时之气，只有努力斩破荆棘，向着成功迈进才是正道。

第七章
谢谢自己够勇敢，一直陪伴你的是那个了不起的自己

跟"演员"朋友说声"再见"

随着社会的发展，人与人之间的关系开始变得更加复杂，人们之间的交往几乎都与利益挂钩。不光是陌生人，就连我们身边最亲近的亲人、朋友都很可能是"两面人"。"两面人"最会做的事情就是表演。

提起卓别林、周星驰、葛优这些演员，大家都会报以笑声。因为他们在屏幕上嬉笑怒骂，把人们逗得很开心。因为都是影视剧，所以人们并不介意，反而报以热烈的掌声。但若你周围有会"演戏"的朋友，那么你可就要倒霉了。

这并不是没有可能，现在爱"表演"的人实在太多，而在你的朋友中有几个天才"演员"，似乎也不足为奇。这些天才"演员"围在你的身边，用他们出色的演技，假装很关心你，和你套着近乎，虚情假意地和你周旋。美妙而动听的话，亲热而温柔的动作，一切都让你感觉友情是那么温暖和美好。你深深地信任着他们，看到他们甜美的笑容。当然，在这个时候，你一般也能品尝他们送给你的

藏在表演后面的果实——伤害。

是的，他们卖力地表演，只是为了伤害你。因为相信"朋友"，被他们生拉硬拽地扯进剧情并受到伤害的人并不少。

曲慧，就是被"演员"朋友深深伤过的一个人。每次提起那段往事，曲慧都心有余悸。

半年前，曲慧应聘到一家公司工作。进公司的第一天，一个叫静慧的女同事就非常亲热地搂着她的肩说："呀，这小妹漂亮得真让人喜欢，咱姐俩有缘，我这第一眼就喜欢上你了。以后啊，不管有什么事情，只管对姐姐说就行，姐姐肯定会百分百帮助你，放心吧！"

这话说得让曲慧心里美滋滋的，一下就把静慧当成姐姐来爱了。为了和静慧多待在一起，曲慧还主动要求和静慧同一个宿舍。因为同在一室，曲慧几乎就包了室内的洗漱用品，还不时地送一些化妆品给静慧。曲慧喜欢逛街，每次回来都不忘了给静慧姐姐捎带上她喜欢吃的东西。而静慧也对曲慧真诚地说："世间的亲姐妹也不过如此。你看他们那些人，都把咱俩羡慕得要死呢！"曲慧呢，自然心里是美滋滋的，为了回报人家的友谊，什么知心话、私密话，也都悄悄吐给了静慧。因为两人过分亲密，同事们也戏称她们是没有血缘的亲姐妹。

一天，领了薪水后，两个人一起去吃晚餐。两人又是唱歌又是喝酒，疯到午夜才回宿舍，已经东倒西歪步子不稳了。两人相挽着回到宿舍，倒头就睡。第二天醒来，曲慧才发现自己的手机不见了。那手机是曲慧新买的，两千多元，曲慧心疼得眼泪都出来了。静慧

第七章
谢谢自己够勇敢，一直陪伴你的是那个了不起的自己

也替她着急，不住地骂自己，说都是因为自己，才让曲慧把手机搞丢了，说着就要出门去替她寻找。看到静慧如此自责，曲慧反而不好意思起来，反过来安慰静慧许久。

下午，曲慧上厕所，听到厕所里有两位女同事在低声交谈说："你知不知道，公司里好多人都说呢，静慧的房间里经常丢东西。"

"是呀，听静慧说呀，昨晚就是曲慧硬要拉着她去吃饭的，回来还说自己的手机丢了，真是贼喊捉贼呀！"

听着同事们的议论，曲慧心里别提有多不舒服了。房间里经常丢东西？房间里就自己和静慧两个人，那意思不分明是说自己偷了静慧的东西吗！而且，现在是自己的手机丢了，怎么反倒是自己在贼喊捉贼了？曲慧气得赶到宿舍，就把听到的对静慧说了。静慧也委屈万分，落着泪珠对曲慧说："妹妹，他们胡说，你可别往心里去。说不定是谁故意挑拨咱们关系呢……"说得也是，想着静慧平时和自己的亲热，打死曲慧也不相信那些话是静慧告诉人家的。

但真正让她恶心的是在那事后不久，有一天她不舒服，工作没结束就回到宿舍，没想到还没进门，就听到静慧在房间里说："我还不是看她小姑娘家可怜，要不，我才不担待她呢！又好玩又爱吃零食，还手脚不干净……"曲慧一下就愣在那儿，她顿时明白，所有的一切，其实都是静慧在搞鬼！想到自己被她骗得好苦，还曾经告诉过静慧那么多的私密话，曲慧的身上就像爬满了小虫子。

曲慧一面暗骂自己没有脑子，轻易地相信了人家的表演；一面收拾行李，当天就搬出了和静慧同住的宿舍。

曲慧说起这事，还总是忍不住恶心，没想到静慧会这样，人前

一套,人后一套,嘴里一套,心里一套,真是服了她的演技!

  人们因为疲惫,所以需要有一个倾诉的出口。人们因为孤独,所以需要朋友的安慰。一句话,我们活在现实中,就离不开朋友,而交朋友,也是为了让自己的生活更轻松、更美好。但生活中总是有许多事,和我们初衷相背离。

  我们按自己的意愿,有了大批的朋友,但这些朋友中,却总会有那么几粒刺手的沙子,把我们本来好端端的生活搅得乱七八糟,把美好的心情击得粉碎。这些沙子还有另一个名字,就是"演员朋友"。这些人戴着面具,在你面前很会演戏,让你不易分辨。

  孙刚有一个叫刘江的朋友是搞运输的,个性豪爽,爱结交朋友,在家的时间不超过五分之二,其余时间全泡在朋友身上了。有天孙刚有事打电话找他,没想到他竟然在家呆着,真让人感觉奇怪。刘江很平静地对孙刚说:"早先总认为多个朋友多条路,但现在发现真不是那么回事,朋友多了,花费精力也多,整天把自己搞得疲惫不堪,最主要的是,这些'朋友'好多根本不是朋友,只不过是熟人。当你真正需要帮助的时候,他们根本不会给你任何帮助,说不定会把原来并不混乱的秩序搞得更加混乱。"

  原来,前一阵子,刘江出车的时候和一辆货车相撞。当时,刘江的车已经过了保险期,在刘江看来,如果处理得当,自己能把损失降到最小。于是,他赶快动用起自己的关系网。但让他郁闷的是,那些"朋友",一个个对他倒也相当热情,说他的事就是自己的事,一定办好。但他鞋子都快磨破了,求人家的事却一拖再拖,车又被押着,越拖他损失越大。没办法,最后只好走正规渠道,没几天就完事了。

刘江说:"我现在真想开了,这一场事故,我的关系网几乎算是没用上,并且还让我破费了许多关系费,算是我交的最后一笔学费吧。现在我想开了,既然都是泡沫,我何必浪费那么多的精力呢?就和几个真朋友交往,又省事又省心,何乐而不为呢。"

不会对自己狠心的人,只会让自己无休止地纠结于这些乱如麻的"朋友"中,繁乱许多,糟糕许多。狠不下心,自己就会深陷痛苦;而对自己狠一点,其实是对自己多爱一点。要知道,这些"演员朋友",送出的是根本不需要的虚假和货真价实的麻烦,若接下了这些,生活只会更糟糕。

所以,我们应该舍得对自己"动刀子",还自己一个风清月明的朋友圈子,这是智慧的做法。所以,从现在开始,学会清理那些"演员朋友",把他们放到生活的"隔离区"。

学会向成功人士学习

成功人士走过的路，实际上就是一个人从平凡走向成功的道路，向他们学习是走向成功的一个捷径。成功的人总是具有很多相似的优点，而碌碌无为的人往往有各种各样的恶习和缺陷。

事实上，平凡人不仅仅是因为他们自甘平凡，而是因为他们缺少可以成功的头脑和想要成功的思想。成功人士的成功也不仅仅是他们现在手里拥有大量的财富，而是他们有一个能赚取财富的头脑。

一个贫穷的年轻人看见一个富人生活得很舒适和惬意，他就对富人说："我愿意成为您的奴仆，无偿为您工作3年。我不要一分钱的工资，您只要保证让我吃饱饭，给我住处就行。"富人觉得这是世上少有的好事，没有多想就答应了这个年轻人的请求。3年后，年轻人离开了富人的家，不知去向。

一晃10年过去了，昔日那个贫穷的年轻人成为富翁，而且明显超越了以前那个富人。于是，富人向昔日的年轻穷人请求："我愿意支付你10万美元，购买你的致富经验。"

第七章
谢谢自己够勇敢，一直陪伴你的是那个了不起的自己

昔日的年轻穷人听了，大笑起来，他说："您不曾知道啊，我的致富经验就是在无偿为您工作3年的时间内从您身上学的，所以才赚得了大量的财富！"

想变成成功人士，最好的途径就是向他们学习，能从他们的"言传身教"中，学到致富的经验和智慧。有一句话说得好："即使你在成功人士身边站上一会儿，你也能沾染上成功的气息。"

可惜的是，许多平凡人总觉得自己在成功人士面前显得卑微，于是在没有接触他们之前，就开始自惭形秽。更为遗憾的是，一些平凡人不但不懂得向他们学习，还在内心里对他们有一种排斥感。这种思想就为他们走向成功人士行列设下了障碍，甚至成为终生难以跨越的障碍。所以，我们不能在意面子，而应当敢于正视现实，多与成功人士接触，虚心向他们学习，才能让自己变得像他们那样成功。

特奥的父母不幸辞世，小小的杂货店是父母留给他和哥哥卡尔的唯一财产。微薄的资金，简陋的设施，他们靠着出售一些汽水和罐头之类的食品艰难度日。显然，兄弟俩不甘心这种穷苦的状况，他们一直在努力寻找发财的机会。

有一天，卡尔问弟弟："同样是商店，为什么有的赚钱，有的却生意惨淡，就像我们这样？"特奥回答说："我觉得这可能是经营思想的问题，如果有好的经营思想，小本生意也可以赚大钱。""可是，什么样的经营思想才是好的呢？"于是，他们决定多看看其他商店的经营经验，向他们学习。

一天，他们路过一家"消费商店"。这家商店顾客盈门，生意兴

隆,引起了兄弟俩的注意。他们走到店外面,发现有一张醒目的告示,上面写着:凡来本店购物的顾客,请保存发票,年底可以凭发票额的3%免费购物。

仔细观察了一会儿,他们终于明白了这家商店生意兴隆的原因。原来顾客就是贪图那"3%"的免费商品。回到自己的店里后,他们立即张贴了一个醒目的告示:"从即日起,本店全部商品让利4%。本店保证所售商品为全市最低价,如果顾客发现不是全市最低价,可以要求退回差价,本店还将给予奖励。"凭借这种"学习"来的智慧,他们杂货店的生意越来越好,迅速扩大,后来成为世界上著名的连锁商店之一。

成功最快速的招法就是模仿和复制,然后伺机超越。向成功人士学习,看似是模仿他们的思维方式,实际上在模仿中也有创新。学习成功人士的思维习惯和行为习惯,不断地总结和改进,最终形成自己的思维习惯和行为习惯。

如果你无法快速学到成功人士的成功秘方,那么给他们打工也是一个不错的方法,而且这是一举两得的好事。你不仅可以获得第一桶金,而且可以在实践中把握成功者的处世方式,直接学习成功的经验。

成功的第一条路线是勤奋、努力、埋头苦干,在实践中不断总结经验和教训。多数人都是这样做的,但是代价太大。正如世界第一行销大师赖茨所说:"很少人能单凭一己之力,迅速名利双收;真正成功的骑师,通常都是因为他骑的是最好的马,才能成为常胜将军。"成功的第二条路线是向已经成功的人或同类优秀的人,学习他

第七章
谢谢自己够勇敢，一直陪伴你的是那个了不起的自己

们独到的经验和方法。这种学习态度可以避免在盲目尝试中走弯路，是走向成功的一种便捷方法。

巴菲特曾经给了人们一个让自己的人生开足马力的建议："选择一个钦佩的人，把你钦佩他的原因写下来。然后，再写下一个你最讨厌人的名字，以及那个人身上让你拒其于千里之外的那些品德。"他建议人们思考所钦佩人的行为，并把这些行为当作习惯；同时也要留心一下讨厌的人犯下的毛病。如果这些你都做到了，就能成功。

金钱并不是万能的

许多人把金钱放在至高无上的地位，一切向钱看，为了能获取金钱，可以不择手段。这种想法和做法并不可取，因为世界上有比金钱更重要、更宝贵的东西，那就是精神。我们应该树立正确的金钱观，绝不做金钱的奴隶。要知道，金钱并不是生活的全部，我们完全可以驾驭它。

《妇女家庭》月刊曾经就"对金钱的态度"做过一次调查。结果显示，人们70%的烦恼都和金钱有关。尤其是那些对于金钱格外看重的人，每天都在患得患失之中，极易产生烦恼。下面，看看洛克菲勒的例子。

洛克菲勒是全世界有名的石油富豪。这一生中，他对财富孜孜不倦地追求着，哪怕是一点小的投资失误，都会让他伤心很久。正因为这样，他常常受到忧虑的困扰。

在他50多岁的时候，他的浑身上下都是病，感到心力交瘁。但是他仍然念念不忘对财富的追求。他的医生警告他，如果再这样下

第七章
谢谢自己够勇敢，一直陪伴你的是那个了不起的自己

去，他不会活很长时间。

他在病床上苦思了一周，终于让自己的心灵在疯狂的赚钱中停了下来。病愈之后，他把自己大部分的钱都捐给了公益事业。他终于明白了，一个人应该做金钱的主人，而不是成为金钱的奴隶。而他那已经临近崩溃的身体，竟然奇迹般地好转了，最终活到了古稀之年。

洛克菲勒最终改变了他对金钱的看法，从而让自己从忧虑中解脱了出来，这不仅使他的心灵上得以平静，也使自己的身体状况变得越来越好。

洛克菲勒的例子让我们明白了这样一个道理：对于金钱的不懈追求并没有错，但是，我们不能完全为金钱而活，这样的人生非常累，也没有太多的意义。在我们有限的生命中，有很多重要的事情要做，不是只有赚钱这一件事。如果我们总是为赚钱而活着，那么即使有再多的钱，日子也不会幸福。

有人也许会说："我可不同意你的说法，如果我有很多钱的话，我会生活得比现在幸福。"确实，如果我们有充足的钱，更容易过上自己想要的生活。但是，很多人没有正确的金钱观，反而被金钱所累。

一个人漂洋过海去做生意，结果因为货物太重，船要沉了。如果把这些货物中的一部分丢到海里，这艘船就可以正常地行驶了。但是这艘船的主人是一个钻到钱眼儿里的人，他舍不得丢下船上的货物，结果让整艘船都沉了下去，他也没有逃过被淹死的命运。

这艘船的主人就是典型的金钱的奴隶，他宁可被淹死，也不肯舍弃船上的货物。这样的人是非常可怜的，因为他把金钱当成了人

生的全部，甚至比自己的性命还重要。这样的人，是不会体会到生活的乐趣的。

杜莉丝每时每刻都要受到忧虑的纠缠，生活得非常不快乐。后来，她报了卡耐基的学习班，希望能够得到他的帮助。

一次卡耐基邀请杜莉丝一同去春游，结果杜莉丝马上就回绝了他，并对他说："卡耐基先生，真对不起，我可没有时间。你知道吗？我有太多的事情需要做，要不然我在经济方面会受到很大的损失。"

通过与杜莉丝的接触，卡耐基发现她对金钱太过于看重了，这也正是引发她忧虑的原因。她本来就生在一个富裕的家庭，她20几岁时，她的父亲就给了她一笔钱。几年之后，她又嫁了一位非常有钱的男士。对于普通人来讲，这样已经很不错了。但是杜莉丝却不知足，她总觉得自己的钱不够多，便开始做生意，拼命地工作。因为对金钱如此看重，她每时每刻都在患得患失之中，因此忧虑也就产生了。

杜莉丝在上过卡耐基的培训课之后，忧虑的症状仍没有减轻。卡耐基明白，这是因为她对于金钱仍是渴求的，所以，她的情绪总是起起伏伏、患得患失。后来，他对杜莉丝说："杜莉丝，你觉得人生的意义是什么，难道只是为了赚很多钱吗？如果你丧失了健康以及生活的快乐，那么这些钱又有什么意义呢？你应该成为金钱的主人，而不是被金钱所奴役。"杜莉丝想了想，说："可是如果没有足够的金钱，我们又怎么能够生活得更幸福？而且很多人评定一个人是否成功，都是通过他的财产来评定的。"

第七章
谢谢自己够勇敢,一直陪伴你的是那个了不起的自己

卡耐基说:"杜莉丝,这种评定方法是不对的。我不知道你是否发现,那些非常有钱的人不一定过得很快乐。你要记住,任何事情都要讲究一个适度的原则,对金钱的追求也是一样。"杜莉丝想了想说:"卡耐基先生,那你说我应该怎样做呢?"卡耐基说:"不要再像以前那样对金钱非常地渴望,而是以一种平常心去对待。另外,不要天天只想着赚钱,而是要充分享受自己的生活。总之一句话,你要做金钱的主人,而不是做金钱的奴隶。"

杜莉丝接受了卡耐基的建议之后,忧虑马上就减轻了,而且过上了快乐的生活。

聪明人就该明白,金钱生不带来,死不带去,虽然人活着需要钱,但也不能为钱而活着。金钱是生活的条件,但不是生活的唯一。我们应该树立正确的金钱观,不要成为金钱的奴隶,也不要因为金钱而伤害自己的身体健康,以及家庭的幸福。

改变环境不如改变自己

每个人都认为自己有能力改变环境，但事实上却并非如此。想要改变环境，人首先就要适应环境，保证生存，因为人的生存、发展离不开环境。社会环境的变化，会对一个人的命运有直接影响，但是任何一个环境都有可供发展的机遇，紧紧抓住这些机遇，好好利用这些机遇，不断随环境之变调整自己的观念、思想、行动及目标，就有可能在社会竞争的舞台上开创一片天地，站稳自己的脚跟。这就是我们常说的"先适应环境，再利用环境"。

环境常有不尽如人意的时候，问题在于个人怎样面对困难和不顺。知道人力不能改变的时候，与其怨天尤人，徒增苦恼，不如因势利导，适应环境，从既有的条件中尽自己的力量和智慧去发掘机会。生而为人，无法选择家世背景，但可以选择生存态度。生活的逻辑总是反复地昭示我们：艰难和挫折是对命运和人生的最好锤炼，人因此而成才！

我们每个人所面临的外部环境和客观条件随时都在改变，不会

第七章
谢谢自己够勇敢,一直陪伴你的是那个了不起的自己

以某个人的意志为转移。你不能因为自己喜欢登高就要求面前是一座山,也不能因为自己擅长游泳而希望面前是一条河;相反,在碰到山的时候你应该学习攀登,在遇到河的时候应该学习游泳。

威廉·怀拉是美国一位享有盛名的职业棒球明星,40岁时因体力不济告别体坛,另找出路。他琢磨着,凭自己的知名度去保险公司应聘推销员不会有什么问题。

可结果出乎意料,保险公司人事部经理拒绝道:"怀拉先生,吃保险这碗饭必须笑容可掬,但您做不到,我们无法录用您。"

面对冷遇,怀拉的热情未受丝毫影响,而是下决心从头开始,坚持苦练笑脸。

由于天天要在客厅里放开喉咙笑上几百次,因此使邻居产生误解:失业对他刺激太大,以至于发起神经来了。为此,他只好把自己关进厕所里练习。

一次,他在路上遇见一个熟人,非常自然地笑着打招呼。对方惊叹道:"怀拉先生,一段时日不见,您的变化真大,和以前相比,真是判若两人!"听完熟人的评论,怀拉充满信心地再次去拜见经理,笑得很开心。

"您的笑是有点意思了,"经理指出,"然而还不是真正发自内心的那一种。"

他不气馁,再接再厉,最后终于如愿以偿,被保险公司录用。

这位昔日棒球明星严峻、冷漠的脸庞上,绽放出发自内心的婴儿般的笑容。它是那样的天真无邪,如此讨人喜欢,令顾客无法抗拒。就是靠这张并非天生而是苦练出来的笑脸,怀拉成了全美推销

寿险的高手，年收入突破百万美元。

一个人要想成为生活的强者，就必须适应这个不断变化的大环境——社会，紧扣社会发展的脉搏，与时代并驾齐驱，只有这样，事业才能如鱼得水。也就是说，我们要想改变生存环境，首先必须适应生存环境。这是一条强者的生存法则！

1936年，李嘉诚一家人辗转来到香港。他的父亲李云认识到以前对李嘉诚的那套教育是完全不适应香港社会现实的，于是他不再按四书五经的理论要求儿子，他让李嘉诚"学做香港人"，从而适应并融入香港社会。

要真正融入这片土地，就得先过语言关。如果语言关都过不了，在香港生存都是问题，更不用说什么做大事、立大业了。

李嘉诚生长在潮州，只会说潮州话。香港的大众语言是广州话，广州话与潮州话彼此互不相通。可是在香港不会说广州话几乎寸步难行，所以一定要学。另外，英语是香港的官方语言，是一种非常重要的沟通工具，也不容忽视。

功夫不负有心人。经过几年的苦心学习，李嘉诚终于熟练地掌握了广州话和英语，这使得他在日后的商战风云中受益匪浅。

语言和经商绝对不是风马牛不相及的，可以试想一下，如果李嘉诚不懂广州话和英语，不要说难以在商场自由驰骋，就是生存质量也要大打折扣，赚钱又从何谈起呢？

对于当年的李嘉诚，要想在香港站稳脚跟，首先应当以一种全新的面目出现在这片土地上。语言的改变，带来的是生存方式和生活圈子的改变，这种改变使李嘉诚由香港的看客变成了主人。所以

第七章
谢谢自己够勇敢，一直陪伴你的是那个了不起的自己

说"适应"其实就是一种迂回的发展，因为选取了最佳的着眼点，行动起来就有事半功倍的效果。

因此，当我们不能改变生活的境遇时，我们不要沮丧、懊恼，要灵活一点，换一种想法，去努力改变自己。生存取决于改变的能力。

说话，一定要把握分寸

做人一定要有分寸，尤其是在语言上，把握好说话的分寸是十分重要的。"说者无心，听者有意"，有时往往只是无心的一句话，却会伤害到对方的自尊，轻则引起对方的反感，重则给自己引来灾祸。这种现象在心理学上被称为"瀑布心理效应"，即信息发出者的心理比较平静，但传出的信息被对方接收后，却引起了心理的失衡，从而导致态度行为的变化等。这种心理效应现象，正像大自然中的瀑布一样，上面平平静静，下面却浪花飞溅。

人生下来就一张嘴，除了吃饭，更重要的就是与周围人沟通了。所以不可避免，人要说话要沟通，这正是我们要说的话题。其实，老辈人说话是很讲究的，常听老辈人告诫晚辈："说话别拿过来就说，掂量掂量再说。""拿过来就说"，就是说话不加思考、不讲究；"掂量掂量再说"，就是经过了思考。所谓说话讲究，从礼仪和美学角度讲，即说话要有艺术。这种说话艺术的最直接、最要害的特征，就是讲究分寸。

第七章
谢谢自己够勇敢，一直陪伴你的是那个了不起的自己

一天，几个同事在办公室聊天，其中一位李小姐提起她昨天配了一副眼镜，于是拿出来让大家看看她戴眼镜好看不好看。大家不愿扫她的兴，都说很不错。

这时，同事老王因此事想起一个笑话，便立刻说出来："有一个老小姐走进皮鞋店，试穿了好几双鞋子。当鞋店老板蹲下来替她量脚的尺寸时，这位老小姐是个近视眼，看到店老板光秃的头，以为是她自己的膝盖露出来了，连忙用裙子将它盖住，立刻她听到了一声闷叫。店老板叫道：'保险丝又断了？'"

接着是一片哄笑声，谁知事后，大家竟从未见到李小姐戴过眼镜，而且她碰到老王再也不打一声招呼。

其中的原因不说自明。说者无心，听者有意。在老王看来，他只联想起一则近视眼的笑话。然而，李小姐则可能这样想：别人笑我戴眼镜不要紧，还影射我是个老小姐。

开玩笑本来是一种调解谈话气氛的良好方式，但使对方太难堪了，亦非开玩笑之道。所以，开玩笑之前，你先要注意对象是否能受得起你的玩笑，最好是先认识对方、了解对方。其次，开玩笑要适可而止。开玩笑，一两句话说完便过了，不要老是开一个人的玩笑，也不要连续开好几个人的玩笑，否则必招来非议。

有的人认为谈话时开玩笑应该完全避免，其实这是大可不必的。如果好朋友见面连句玩笑话也不许说，那么生活未免太乏味了。所以，生活中的我们要注意开玩笑的分寸。如果玩笑开过了头，巧妙应对，及时化解尴尬的氛围即可。

一次同学聚会，大家见面后分外亲热，聊得十分开心。

这时,一位男士对一位女士信口开河地说:"你当初可是主动追求我的,现在还想我吗?"按理说,在老友久别重逢的气氛中,这些话虽然有些不妥,但也无伤大雅。

但这位女士由于某种原因,竟然脸色一变,气呼呼地说:"你神经病!谁会追求你这种心理龌龊的人。"她的声音很大,在场的人惊讶地看着她,都觉得很尴尬,场面一下子冷了下来。

这时,另一位女士站了起来,笑着说:"我们小妹的脾气还没变啊,她喜欢谁,就说谁是神经病,说得越厉害越让人受不了,就表明她越喜欢。你们说说,我说得对吧?"

一番话,让大家都回想起大学时的美好时光,你一言我一语,大家互相开起玩笑来,一场风波也就平息了。

交往中陷入窘境,最行之有效的化解方法,莫过于换一个角度或找一个借口,以合情合理的解释来证明对方有悖于常理的举动。这样一来,对方的尴尬解除了,正常的人际关系也能得以继续下去了。

所以,说话时,不要只顾一时痛快,信口开河。尤其是在充满竞争的社会圈里,说话不只是说明你的存在,它还起到了展示、提升你个人价值的作用。要得到别人的尊重不在于说话多,而在于说话合适。平时与人相处要友善,说话态度要和气。

著名诗人海涅有句名言:"语言可以把死人从墓中救出来,也能把活人埋入地下;语言可以使侏儒变为巨人,也能将巨人彻底打倒。"历史上因一言不慎引来杀身之祸的人数不胜数,可见注意说话的分寸是件多么重要的事情。

第七章
谢谢自己够勇敢，一直陪伴你的是那个了不起的自己

　　如果遇到与别人意见不一致的情况，不是原则性很强的问题，没必要一争到底，有意见可以保留。涉及敏感话题时，千万要管好自己的嘴，给对方台阶下，多说别人的长处。

远亲不如近邻

常言道："远亲不如近邻，近邻不如对门。""邻居处得好，如同捡个宝。"自古即有"千金置宅，万金买邻"的说法。买一幢千金的房子，房子好不算好，需看邻居。若邻居不好，买房子虽只花了一千元，也是贵的；若邻居都能里仁为美，万金买房也不算贵。互助友爱，相邻相亲，是共建美好家园的基础。作为普通百姓，我们难以择邻而居，但我们能够睦邻而居、爱邻而居。与其望邻兴叹，不如拿出行动，先做个别人的好邻居。

中国人讲求礼尚往来，一来二去，关系熟了，也就成了朋友。这种关系比其他的人际关系更容易取得信任，相处时，不仅可以分享邻居的亲属关系资源，也可以分享邻居的朋友资源。

"千里修书只为墙，让他三尺又何妨。万里长城今犹在，不见当年秦始皇。"这是清代礼部尚书张英家书中的一首打油诗。诗句的来由是这样的：

张英在朝为官期间，一日忽然接到老家书信。折开一看，才知

第七章
谢谢自己够勇敢，一直陪伴你的是那个了不起的自己

道是家人与邻居发生争吵，原因是隔开两家院子的墙塌了，重新砌墙时两家都为多占些地方而寸土不让。家人捎书来请他出面说话，以便让邻居退让。

不久之后，张英的家人就接到了他的回信，信中只有上面的那首打油诗。

之后，家人依照他的意思，在原地界上让出了三尺土地，以示不再相争。邻居看到张家这样处理此事，自觉也有不妥之处，遂仿效张家又让出了三尺土地。于是中间就出现了六尺宽的巷道，被称为"仁义胡同"。一时间，两家处理问题的做法被传为美谈。

现代社会是一个十分忙碌的世界，人们上班早出晚归，每到双休日便宅在家中休整。由于生活节奏加快，大家也没有时间互相串串门、聊聊天，因此，人际关系越来越淡薄，即便是住在一个单元的对门邻居，好几年了都不知道邻居姓什么。也许我们正需要的人脉关系就在面前，而我们还在四处寻找。

事实上，邻里关系最容易成为我们人际关系网络的一部分，而且邻里关系比其他的人际关系更加容易产生信任感。你要喜欢你的邻居，愿意同他们成为好朋友。如此，你的生活也会因此得到改观。

你可以试想一下，如果孩子今天下午没人看管会如何？你完全可以把孩子放在邻居家中，不管你的公务有多么繁忙，也许你夜半而归，孩子在邻居家里一样睡得十分香甜；如果你要出门开会完全没有时间做饭，你还可以在邻居家吃完再走。这就是身边的财富，是无可替代的资源。

老丁和老李对门对户，非常要好，两家的小孩浩浩和小杰也是一对好朋友。

一日，两个小孩玩着吵起了架，浩浩打了小杰。就这样，两个好邻居因为孩子的事闹翻了，彼此路遇都互不理睬。

一天晚上，浩浩突然肚子疼起来，疼得哇哇大哭。浩浩妈妈闻声用手揉着儿子的肚子心疼得直掉泪，偏巧老丁又出差不在家。浩浩妈妈束手无策，只好求助于老李。老李二话没说，就背着浩浩上了医院。等老丁赶回来时，浩浩的病情已经控制住了。第二天晚上，小杰因为考试不及格不敢回家，左邻右舍的人们都出去帮忙寻找小杰，最后还是老丁背回了又饿又冷的小杰。从此以后，浩浩和小杰又在一起玩耍，一起上学，而两家大人也和好如初了。

邻里关系很重要，若处理不好，会带来许多烦恼，甚至是恶果。比如某小区对门两家，因一家不小心把一块烂白菜叶掉在另一家门口，由此引发口角，最后发展到大打出手，闹出人命，走上法庭。这不是因小失大吗？

做邻居要怎样相处呢？首先从心中明确邻居的重要性。哪个家庭没有点事情？有时家里有什么需要，找邻居帮忙会更省事。

与邻居交往，遇事要多站在邻居角度想。搬新家、办喜事时，要给周边的邻居发喜糖，以表示友好，并表达希望邻居照应。平日对待邻居一定要热情，邻居有困难的时候，要伸手帮一把。多拉近与邻里的距离，增加感情，常用亲切的话语和邻居沟通，在周末或平日晚上共聚，品茶、锻炼身体等都是不错的选择。

做好邻居就要在生活中多一些理解和关照，少一些摩擦与隔阂，多感受大家庭的温暖，相互有包容之心，无拘无束地生活在一起才有意义。